天職を貫いて

見て、聞いて、考える新聞記者の世界

米田憲司

本の泉社

目次

はじめに

新聞記者の世界とは？　「当たり前」のことができて1人前だといえる。「当たり前」のこととは、取材力、筆力、企画力の3要素に加えて、判断力、決断力、分析力、集中力、迅速力、行動力、持続力等の総合力を持ち合わせる。加えてものごとを見極めるために複眼思考を持ち、偏らない絶妙なバランス感覚を持つ。ジャーナリストの視点とセンスともいえる。これらの能力を持って、さりげなく仕事ができれば1人前といえる。10年以上の経験を積んで1人前になれば、特別に意識しないで手順として自然体でできるし、こうした総合力を活用して、仕事をこなしていける。身体で覚えているともいえる。動物的勘も冴えてくる。軍事的にいえば有事即応だ。新聞記者は書いた記事で勝負する実力の世界である。1人前から1流になっていくのは、取材対象者に信頼と信用を得て、さらなる人間的な努力によってのみ大成していく。

プロフェッショナルとしての仕事は、一生をかける長い険しい行程で、1人でデスゾーン（生死をかける領域）が存在する8000m級の山に挑戦するような道でもある。デスゾーンとは自分の仕事に政治的生命を賭ける意味である。プロとしての仕事をするには、デスゾーンを突き進む勇気と、易きに流されないようにする自己管理が必要で、その勇気と自己管理を支えるのは揺るぎない信念を持たなければならない。

蛇足ながら神髄を平易な表現で文章化しているが、この「当たり前」の持つ意味をすっと読み飛ばしていくのか、そこに書かれている一つひとつの「力」の大事さを理解しているかどうかで違ってくる。それぞれの「力」にしても相当の経験と力量が求められるからだ。判断力でも分析力でも、正確さを伴わないと活かすことができない。最近、起きたｉＰＳ移植をめぐる誤報や尼崎事件の被告の顔写真の取り違えにしても、「当たり前」のことができていない証左であろう。ミスをした記者個人だけでなく、チェックするべきデスク陣も含めて見逃してきた組織ジャーナリズムのあり方を技術論、システム論の基本から見直していくことが必要である。常日頃から科学的に深くものごとを考え、究明していく習性と資質があるかどうかということだろう。

私は１９７１年（昭和46年）から記者になり、以後、２００６年（平成18年）までの約35年間にわたって新聞記者としての生活を送ってきた。退職する日の一週間前までずっと書きつづけた。巻末にも記しているように、「定年退職にあたっての記」で「新聞記者は私にとって天職でした」と記述でき、くいのない人生を送ることができたのは幸せであった。より根本的には、その仕事が好きで性分にも合ったということだ。だからこそ、62歳まで現役を続け、うち、20年近くをデスクと記者の〝二足の草鞋〟をはいて、人の倍近く働いてきた。自分で選んだことなので、苦にも思わず、いろんな業種の人と会い、話を聞き、場合によっては世の中の裏のことを見ることも知ることもできた。終生、「仕事で勝負する」という姿勢を貫いた。プロとして真剣で勝負するように心がけた。安易な妥協はしない。当然、自分自身にも厳しく、仕事を通しての同僚、後輩との付き合いは筋を通すことで接した。私の記者としての原点は、自由で民主的、公正な社会を築きたいという、いわば社会正義である。群れることもなく、周りにあわせて自分の色を変えていく発想はしなかった。

私の記者生活時代は、原稿用紙に手書きし、写真はフィルムカメラで現像、焼き付けをして送稿していた時代である。今日のようにパソコンや携帯を駆使する時代ではなかったが、ツール（道具）はツールだけの話だ。最後の15年余はワープロ、パソコンであったが、便利さはあっても使う人間の営みはさして変わっていないから、仕事に対する考えもたいして差はない。早い話、3・11の東北大震災の取材を見ていても、むしろ、デジタルからアナログの時代に戻って四苦八苦していたようだが、やっている中身は私たちの時代と変わらなかった。むしろ、ひ弱さすら感じた。マスコミ業界に限らず、何事も基本に立ち返る大切さを痛感したのではないか。今日、既存の新聞や雑誌、テレビに加え、ネット情報でも見られるように玉石混交の情報が氾濫する時代である。キーボードをポンと押して答えを見つけても、正しいかどうかは別である。見たこと、聞いたことを自分の頭でどう考えるのか、の過程が大事である。起きている現象から事実を見つめ、本質を見いだしていくことになる。ものごとが見えてくるし、真贋を見極めることにもつながる。自分で考える人間はネットに答えを求めず、自分で答えを探す。

世の中には、さまざまな職業がある。どんな職種であっても、そこで1人前になっていくには共通した法則があり、考え方がある。職人の世界で常識になっている「技は盗むもの」「習うより慣れろ」というのも1つの方法だ。35年余の記者生活の中で世の中に大きなインパクトを与えたり、政治や行政、業界の世界に影響を与えたスクープを紹介しながら、その時代の背景と仕事のやり方、考え方等を普遍的に伝え、今後の参考にしていただければ幸いと思う。

２０１３年５月

著者しるす

1

民間機の軍事輸送

海兵隊の全日空機チャーター

97年6月30日。昼前から米空軍横田基地の滑走路を見渡せる東京・瑞穂町の食堂の屋上にいた。国道16号線沿いにある、基地の航空機をウォッチする定点場所である。後輩の社会部記者と写真部記者も一緒であった。16号線をはさんで、基地のエプロン（駐機場）にはC130輸送機が駐機している。距離は100mほどあった。天候は良好で、エプロンはまだ閑散としていた。

私は前日に、沖縄の米空軍嘉手納基地から横田基地に日本の民間旅客機をチャーターして米海兵隊を輸送してくる情報を入手していた。親しい全日空の乗員が内部情報で連絡してきた。日本も加盟する国際民間航空条約（ICAO）は民間機が軍用にチャーターされたら、「国の航空機」として認定され、戦時中であれば敵国から撃墜される可能性もでてくる。従って、条約では民間機の安全と秩序の維持のために軍用機への転用を戒めている。日航、全日空などの航空会社は、法的に確立されている機長の出発前の確認権限（PIC＝Pilot In Command）で機長の了解を取らないと飛行することはできない。搭乗人物や積み込む荷物の安全を事前にチェックするためである。連絡してきた全日空の乗員は「実際に飛行するかどうかは私どもも最終確認ができていないので、嘉手納と横田でチャーター機の離着陸の情報を確認してほしい」といってきたのだ。

「これは大きい」

瞬間的にそう判断した。「大きい」というのは、記事の価値基準のことである。米軍はコンチネンタル・ミクロネシア航空やエバーグリーン航空などをチャーターして、軍人、軍属などの輸送に活用していたが、日本の民間機のチャーター便は実現すれば初めてだ。これを機会に、今後は日本の民間旅客機を軍のチャーター便として活用していくことを計画しているのだ。防衛施設庁は全日空、日航、日本エアシステムの航空3社を対象にしているに違いない。いずれは、有事の際に米軍や自衛隊を日本国内から中東などに派遣していくことを想定していることは明らかだ。

米海兵隊は、沖縄では155ミリりゅう弾砲を使って演習を実施してきた。この演習では、りゅう弾砲の長距離射程から沖縄県道104号線を飛び越えて着弾する危険な演習となっていた。地元の住民から演習の中止を求める批判が高まっているため、日米合同委員会で本土移転演習を決めた。その第1回目を山梨・北富士演習場で実施することを合意していた。そのため、海兵隊の本土移転演習に航空条約を無視して民間旅客機をチャーターし、将来の有事の際を想定した〝一石二鳥〟案を計画していたのだ。

「了解しました。沖縄と連絡をとってみます。私の方は、あす横田に行きます」

全日空の乗員にそう伝えた。幸い、政治部の記者が丁度、沖縄に取材に行っているので、すぐに直接電話を入れて事情を話した。嘉手納基地での全日空機の離陸確認と出発時間を横田にいる私あてに連絡してくれるように手配した。

食堂の屋上で、沖縄からの電話連絡を待っていた。午後2時20分すぎ、嘉手納基地を張っていた政治部の記者から携帯に連絡が入ってきた。海兵隊員が全日空機に乗り込んで横田に向かったという確認連絡だ。離陸時間は午後2時15分だった。

「ありがとう。了解しました。ご苦労さんでした」

こちらの声も弾んでくる。2時間後に到着するはずだ。

全日空の乗員に連絡した。

「全日空機は嘉手納から間違いなく飛んだ」と確認の連絡を入れた。

全日空の乗員は

「こちらの情報では、嘉手納では荷物の問題で機長が米軍に問い合わせをしていて時間が遅れたらしい」

　という返事だった。

「うん、荷物？」

　海兵隊の個人装備かなと思った。横田に着陸したら連絡する旨を述べ、電話を切った。

　社会部長に1報を入れて、スクープとして1面希望を要請した。

　双眼鏡を持って行ったので、横田基地に着陸してくる航空機を判別した。基地取材でいつも関心しているのは、軍事マニアの動きだ。飛行してくる航空機と基地の管制との無線のやりとりを傍受して、お目当ての航空機の写真を撮るのだ。「全日空機のことは、彼らも知っているのか」という疑問があったので聞いて見たら、知らなかった。

　基地の軍人が出てきてエプロンに待機しはじめた。そろそろ着陸だ。

　4時20分すぎに全日空機が飛んできた。双眼鏡で見ると、垂直尾翼におなじみの「ANA」のテイルレターが描かれている。機種はボーイング767型機だ。

「来た、来た」

「飛んで火に入る夏の虫」か。3人の記者も嬉しそうな顔をしていた。

滑走路に着陸し、タクシングをしてわれわれの目の前に到着する予定だ。非常の際でもないのに軍事基地に民間旅客機の姿を見るのは何となくそぐわない。見通しをふさぐ邪魔ものはない。駐機場でぐるりと機首を回して制止した。われわれとの距離は100メートルぐらい。しばらくすると、迷彩服の海兵隊が降りてきた。手ぶらで荷物は持っていない。写真部記者に「OKか」と声をかける。「OK」との返事。海兵隊員は約80人いた。飛行機の横で待っていた。見ていると、貨物室から個人装備のウエストバッグを次つぎと下ろし、受け取っていた。最後に木箱を3個ほど降ろして台車に乗せ、歩きだした。写真部に「撮ってくれ」と確認した。高さ1m、横1m×2mの大きさ。「小銃かな」「弾薬かな」と思ったが、確認はできない。

すでに、海兵隊は1週間前の23日に那覇軍港から155ミリりゅう弾砲4門、支援車両24台を横浜・ノースドックに送っている。そのあとは日通が静岡・キャンプ富士に輸送している。砲弾700発も民間船舶で輸送している。横田に到着した海兵隊員はチャーターしてある国際興業のバスで、とりあえずキャンプ富士に向かって行った。

記事は近くの福生の事務所で1面と社会面に手分けして書いた。当時は、ワープロが導入されていたが、まだパソコンは導入されていなかった。出先に持って行くのは原稿用紙だ。原稿を書いてファクスで送稿した。写真部は別行動で編集局に帰るので、1面と社会面用の2種類の提稿を頼んだ。全日空の乗員に連絡を取った。乗員によると、全日空乗員組合でも調査した結果、今回の輸送は海兵隊第2陣で約80人の後発組だった。先発組は23日に全日空のエアバスA320で横田に輸送されていたという。輸送した機長の報告で分かったという。

翌日の紙面は、1面に「全日空機が米兵を輸送　有事立法先取り」「嘉手納基地から横田基地へ」の見出しで、写真も大きな3段扱いで報道した。証拠の写真を撮れた完全なスクープとなった。

社会面サイド（雑観）は、海兵隊の本土移転演習の輸送詳細を報道した。防衛施設庁と全日空、日本通運に談話を取り、市民団体の東京平和委員会のコメントも掲載した。防衛施設庁は「どのような輸送機関を利用するかなどは安全、治安上の問題から公表できない。費用はまだ精算していないので分からない」と語った。全日空は「今回のチャーター便は代理店の日本通運から話があった。あくまで通常の商業ベースによるチャーターとして引

全日空機が米兵を輸送

有事立法先取り

手納基地から横田基地へ

実弾演習北富士移転で

在沖米海兵隊による155ミリりゅう弾砲演習の本土移転が七月三日から山梨・北富士演習場で実施されますが、海兵隊員の第二陣約八十人が三十日午後、沖縄・嘉手納基地から全日空チャーター便で東京・横田基地に到着しました。第一陣も全日空機を使用してお[illegible]るのは今回の二回の輸送が初めてです。

今回の米海兵隊による演習は、沖縄から本土への兵員、りゅう弾砲、弾薬、支援車両などの輸送のほとんどが日本の民間船舶や運送会社、航空会社を利用しており、「日米防衛協力のための指針（ガイドライン）」見直しにともなう有事立[illegible]

沖縄の米海兵隊を輸送した全日空機（横田基地）

き受けた。客室乗務員も荷物も通常通りだろう。今後もすべて運航するとはいい切れない」と答えた。日本通運は「防衛施設庁から当社の本社が契約を受けた。単独契約である。金額は防衛施設庁に聞いてほしい」と述べた。

エアシステム機の輸送中止

この報道は政治的には大きな影響があった。実は海兵隊の帰路は、日本エアシステム機のＭＤ81型機で約１００人、ＭＤ90型機で40人の2便をチャーターして横田から嘉手納に帰る予定であった。ところが、日本エアシステムの利用が突然中止になった。日本エアシステムと輸送を依頼した日本通運は「米軍が民間機を利用する際の安全上の内規に抵触する事情があったためといっているが、具体的中身は分からない」と語っている。防衛施設庁は「米軍は民間機を利用する際の安全基準に合致しない事情があるため」と説明した。

国民からは全日空本社にも抗議したという情報もあり、航空会社もイメージダウンを危惧した可能性があった。航空会社の乗員で構成している日本乗員組合連絡会議（日乗連）も「国民の批判が強くなれば、今後の本土での演習にも差し障りがでてくるため、米軍と防衛施設庁が回避策をとった可能性がある」との談話を寄せた。確実に、全日空機によるスクープ記事の反響で、事態が変わったといえる。

米海兵隊は7月17日の午後9時25分にコンチネンタル・ミクロネシア航空を急遽、チャーターして横田基地から沖縄・嘉手納基地に帰還した。

全日空機、小銃を輸送

ところが、この海兵隊の全日空チャーター問題はこれで終わらなかった。それから1年9ヵ月後の99年3月14日付けで、朝日新聞が「全日空機、米軍小銃運ぶ」「97年　積み荷知らず　防衛施設庁が委託」との見出しで1面左肩で報道した。全日空機が海兵隊を横田に輸送した際に、自動小銃や短銃などの小火器と弾薬を一緒に輸送していたことが判明した。朝日のあと追いスクープだ。朝日によると「防衛施設庁は国内法に従っており、問題ない」としているが、全日空側は「自動小銃などの輸送を知らないまま飛んだ」とのコメントをしている。数10丁の自動小銃と10数丁の短銃、短銃用の弾薬30発を輸送したという。

記事を見て「ああ、やっぱり。あの時の木箱はそうだったのか」とほぞをかむ思いで読んだ。こちらも証拠写真は撮ってある。すぐに写真部に行って木箱の写真を焼いてもらい、記事を書いた。大事なニュースはあと追いであっても読者に知らせるのが筋である。全日空の乗員に連絡した。すると、「当該機長は積み荷に疑問を持って交渉したが、離陸時間との関係もあって詰められなかった」といっていたという。全日空広報は当時、「商業べ

1　14版　1892年3月1日第3種郵便物認可

全日空機、米軍小銃運ぶ

97年「積み荷知らず」

防衛施設庁が委託

沖縄の米海兵隊が本土で砲撃演習をするために一九九七年六月に移動した際、兵員を輸送した全日空機で、自動小銃や短銃などの小火器や弾薬が運ばれていたことが、明らかになった。輸送を委託した防衛施設庁は、国内法に従っており問題ないとしているが、全日空側は自動小銃などの輸送を知らないまま飛んだ、という。新しい日米防衛協力のための指針（ガイドライン）関連法案に盛り込まれた「周辺事態」の際の民間協力には、武器・弾薬輸送も想定されているが、具体的な基準は明示されておらず、積み荷の確認をどうするかなどの問題が浮上した形だ。

砲撃演習の本土移転は、沖縄での騒音被害などを軽減するとして九七年から始まった。これまでに八回あり、そのたびに百数十人から四百人近い海兵隊員が沖縄から本土の演習場に移動。物資、兵員の輸送は日本側が担当し、自衛隊機を使う以外は、輸送会社を通して民間機をチャーターしている。

防衛施設庁の説明によると、九七年に山梨県の北富士演習場であった一回目の演習のとき、海兵隊員が六月末、全日空機で沖縄の米軍嘉手納基地から東京・横田基地に移動した。その際、隊員が持つ数十丁の自動小銃と十数丁の短銃をアルミケースに入れてカギをかけ、貨物室に積み込んだほか、短銃一丁用の弾薬約三十発を運んだという。

施設庁は当初、米軍に対して安全のため弾薬は航空機に持ち込まないよう要請した。しかし、米軍側が軍の規則を理由に指揮官用の短銃については弾薬も同じ機に積みたいと求めたため、小銃類とは別に箱に入れて操縦席の近くに保管したという。

演習後、沖縄に帰るときは米国の航空会社に変え、二回目以降の演習でも日本の航空会社とは契約していない。二回目以降は民間機に弾薬を積むのはやめたが、小銃類については、同じように貨物室に積んで運んでいるという。

航空法に基づく運輸省の輸送基準では、弾薬類や銃砲類を航空機に積む場合は、量が制限され、容器に入れたりこん包したりすることが義務づけられている。米軍は特例法で免除されているが、施設庁は「米軍の輸送でも輸送基準に従ってこん包などの措置をとっている」という。その上で「一回目のときは準備のための時間が少なく、米軍や航空会社などとの調整が不十分だった可能性があるが、法的には問題はない」と説明している。

一方、全日空広報室は「将校用の短銃一丁とその分の弾薬については自衛

米海兵隊が全日空機で小銃等を
輸送していた事実のスクープ
（朝日新聞、99年3月）

ースによる通常のチャーター便だ」との見解だったが、後に営業本部の担当者は「武器・弾薬の輸送を承知していた」と広報の見解を撤回した。やはり、防衛施設庁の官僚は、周到な準備と将来を見越した計画を立てていたことが判明した。

こういう軍事報道の重要さをひしひしと感じたことがある。全日空機の海兵隊輸送から半年後の98年1月には、今度は日航が代理店を通して那覇から関西空港まで小火器と火薬類の輸送を依頼されていたことが分かった。貨物内容に不信を抱いた機長が会社に問い合わせをして、出発まえの機長の確認作業（ＰＩＣ）によって搭載しないで運航した事実があった。この事実は機長組合と会社側との交渉の中で明らかになった。全日空、日本エアシステムの一連の報道で、未然に小火器輸送を防ぐことができた。

日航機長組合の執行委員が「米軍輸送報道があったので、機長が主張しやすくなったともいえる」と語っていた。航空会社は政府の要請を頭から拒否すると、その後の対応で何かと不利になる可能性もある。が、一方、乗員が主張するように法律に抵触してくる問題もでてくると厄介だし、乗員との軋轢が強くなる。さらに企業イメージがダウンするのも避けたいという思いがあった。執行委員は「会社側はばれるのは時間の問題だから、交渉で明らかにしたのだろう」と分析していた。報道がなければ、こういう事態は国民の目が届かない闇から闇の世界で進められていくことになる。

法律にもとづけば、民間機旅客機が火器や弾薬を輸送できるのは、オリンピックの際などに使用するライフルや弾丸などで、いわば公益性や文化交流の範囲内という限定つきだ。しかも、梱包などについても厳しい安全対策が課せられている。

米軍による日本の民間機のチャーター問題は、新しい日米防衛協力のための指針（ガイドライン）関連法案に盛り込まれた「周辺事態法」が該当する。周辺事態法の民間協力の項には、武器・弾薬輸送も想定されているからだ。防衛施設庁は、日通を通じて全日空と契約することで輸送を可能にした。現状では表向きの商業ベースでやりながら、実質は周辺事態法の先取りであり、既成事実化を目的にしたものである。商業ベースといいながら、防衛施設庁の指示で実施しているのは明らかである。

輸送までは漕ぎ着けたが、あとはネックとなっている機長の出発前の確認権限をどうするかだ。運輸省の官僚は知恵を出して、航空会社による業務命令・指示によって、抵触する法律条項を乗り切ろうとしていることが分かった。その理由として、危険物は梱包などしっかりしていれば、「航空法の範囲内で問題なし」「航空法では武器・弾薬の輸送は禁止するとは書いていないのでできる」という拡大解釈で、なし崩し的に実施しようとしている。運輸省、防衛庁、防衛施設庁、外務省の関係省庁と政府一体となった動きになっている。気がついたら外堀も内堀も埋められ、あとは本丸だけとなっている。政府は有事の事態に対応する動きを虎視眈々と狙っている。軍事関係の取材は、正しい情報分析が不可欠で、直接の取材が肉付けになっていく。

今日、民間機が安全に運航できるのは、世界大戦の教訓として国際民間航空条約とそれにもとづく各国が航空法を順守しているからだ。戦後、日本が大変苦労して国際民間航空機構に加盟し、国際社会の一員として条約を順守してきた歴史と経緯を注視するべきだろう。

2　スクープ記事とは

スクープは〝記事の華〟

国内航空3社の軍事利用のスクープ記事は、書いていても手応えを感じるもので、一過性の打ち上げ花火にはならなかった。一連の記事をめぐって、政府・防衛施設庁と仲介業者の日本通運、航空3社を相手に見えないところで綱引きをしているといったら分かるかも知れない。機長ら乗員、有事の際のきな臭い戦争協力を危惧する読者がバックから支援し、1つの記事が大きな世論になっていく実感があった。政府も航空3社も無視できない動きを承知していたからこそ、その時点では無理強いはできなかった。世論との力関係が動いていた。

スクープとか特ダネといえば、世間を「あっ」と驚くようなニュースをいち早く報道した記事を連想してしまう。アメリカではニクソン大統領を失墜させたワシントン・ポスト紙のボブ・ウッドワード、カール・バーンステイン両記者によるウォーターゲート事件や日本では毎日新聞の西山太吉記者による沖縄密約問題などがあげられる。両者とも、内幕を暴いていく社をあげたキャンペーンで有名になっていく。が、最初の報道はほとんど知らないのが実情である。その後に発刊された著作で、民主党のウォーターゲートビルへの侵入事件が端緒となったことを知った。
世界が注目するようなスクープもあるが、大部分のスクープはマスコミ業界でのできごとである。今日では、新聞、テレビ、週刊誌も合わせてマスコミ業界といっているが、読者、視聴者にとっては、ほとんどは1家庭に1新聞あるいは一過性のテレビニュースを見るだけだから、何がスクープ記事なのかを判別することは事実上できない。スクープは所詮マスコミ界の競争で、1日ぐらい早く報道したからといってどうってことはないのは事実である。最近は、テレビ報道や週刊誌では「スクープ」、「特ダネ」の名称は、本来のスクープ報道というより、その局（誌）の「独自もの」や記事・番組の売り込み策として乱発しているのが実情である。

売り込みの件は別にして、本来のスクープ報道は、マスコミの中でも同じ記事を追いかけている記者もしくは関係者でないと分からない場合が多い。大きなスクープでも、スクープをとった新聞社の関係部署とニュースに敏感な記者ぐらいが知るだけで、記者の多くは知らないのが普通である。ニュースソースの関係もあって、大々的に報告はしていないと思う。書いた記者も「スクープ」という記事の価値判断のためと今後の追跡取材のために上司に知らせるが、自慢気に広めることもないので、記者自身の胸にしまっていることも多い。同僚や後輩が聞いてくれれば、説明することぐらいだ。

スクープは狙っても取れるものではないし、スクープをするために記者活動をしている訳ではない。が、スクープは以前から「記事の華」であるのに変わりはない。記者になったからにはスクープが取れるような記者になりたい願望を持つのは大事なことだ。周囲の評価を意識することではなく、自分の仕事に対する自覚を促すことにつながる。他の人に抜きんでるのは、担当分野に精通していく日々の努力と記者として取材先との信頼関係を構築している証明でもある。いわば、自分自身の仕事の仕方や考え方を再認識でき、今後の励みにできることでもある。職場で同僚や後輩に安心感や信頼感を抱くような存在になることは望ましいことだ。

私の場合は、関西での地方記者を振り出しに、社会部、政治部等を経ていたので、他社との競争意識は強かった。絶えず同じようなニュースを追いかけるので、担当分野では他社より早く報道したいという思いはずっと持っていたし、事実にもとづいて正確に深く報道したいという意識は持っていた。それは他社よりもよい記事を書く競争意識であり、プロ意識であった。自分の書いた記事が世界とはいわないまでも、日本の政治、社会に一定の影響を与えるのは記者冥利に尽きるといえた。

独自ダネは区別

因みに、スクープと似ていて違うのに「独自ダネ」がある。通信社の配信では、スクープではないが、通信社自身が取材して「独自」ということわりを明示して配信してくる場合もある。配信を受けた側が使用する、しないは自由である。ある出来事を調査したり、まとめたものが多い。それぞれの新聞社が、例えば「教育に強い」といった特徴を持つ企画や売り込みの場合もある。

ただ、スクープ記事なら必ずあと追いがあるかというと、そういうことでもない。抜かれた他社にも面子があるし、無視することも多い。が、やはり、読者に知らせるニュース価値があるなら、少し時期をずらす、あるいは1ヵ月後あたりにさりげない形で掲載することもある。翌日にあと追いをするのは、それだけニュース価値がある証拠でもある。各社それぞれ紙面の都合や価値判断の基準の違いがあるので、一様には語れない。週刊誌などは参考にとどめて、再取材で記事をつくりなおすのが多い。こういうマスコミ界の事情もあるので、本来、重要なスクープ記事でありながら、かえって広くニュースとして流れないこともでてくる。

3

駆け出し記者

新聞の整理技術

私の仕事の仕方や発想、考え方を本書で展開していく上で、どういう時代に生きてきたのかを最低限知ってもらいたい。

63年（昭和38年）に高校を卒業し、64～68年の大学時代はベトナム戦争がエスカレートしていく時期であった。ケネディ米大統領から引き継いだジョンソン大統領による北爆が65年2月から開始され、新聞はベトナム戦争の局面を1面トップで掲載することが多くなった。テレビでも元共同通信にいた田英夫氏（後に参院議員）がニュースキャスターとしてベトナム戦争を報道していた。アメリカ側の報道から脱皮してベトナムで起きている実態を伝えていた。「ベトコン」という名前も南ベトナム民族解放戦線という正式な名前で登場するようになっていった。アメリカがどうして東南アジアの小国に傀儡政権をつくって戦争を繰り広げていくことに疑問を持った。多感な青春時代は、世の中で起きている不正義な戦争に無関心ではおれなかった。ベトナム戦争を正しく知るために赤旗を講読したのもそのころだった。親しい友人同士で、アメリカの無差別な北爆を批判し、ベトナム人民のたたかいを支持する意見を話し合っていた。

卒業後は大阪市福島区の（株）関西共同印刷に入社した。営業部で労働組合の機関紙や学校新聞の編集（新聞の割りつけ）をしていた。割りつけとは、記事になった原稿を紙面ごとに価値判断をして、トップなど掲載する場所（位置）を決め、見出しをつけて記事を流していく作業だ。収容する記事の本数や行数が決まってくるので、目で見て読みやすい工夫が必要になってくる。一般に、価値の高い大事な記事ほど大きく扱う。当時は労働組合の機関紙編集や学校新聞の全盛期で、記事を新聞体裁になるように割りつけする編集技術は重宝がられた。選挙のためのビラも見出しと記事内容が一目で分かる編集にするのは、それなりの経験とセンスが必要であった。60年代から70年代は大量政治宣伝による選挙戦が主流となり、政策宣伝ビラを「紙の爆弾」と呼んでいた時代であった。現在のように、ワープロ、パソコンもなく、各家庭まで普及していたガリ版刷り（蝋を敷きつめた原紙に鉄筆で書き、謄写版で糊状のインクを使って刷った）から鉛の活字を使った活版印刷へ移行する時代であった。

編集の仕事も、見出しつけから、記事の割りつけに進むが、日本語は縦書きで左に行が流れていくので、目の生理上、合力によって左下に目が移っていく。従って、新聞つくりの基本は、通常は大きな見出しのトップがあり、腹（紙面の真ん中）に3、4段の中記事があり、左下に2、3段の記事が入る。左肩と右下は死角になるので、囲み記事やら写真を添えた記事でバランスをとる。丁度、X型になる。変形したY型もある。これは動的なニュース面の基本形となる。文化欄や家庭欄は流れる形よりも静的紙面なので、箱組で記事ごとにスペースをつくって、読みやすい編集にしていく。

編集者も慣れてくると、面白くなり、凝った紙面づくりになっていく。花罫（はなけい）を使った囲みにしたり、書き文字の凸版見出しを使うようになってくる。懲りすぎると、どこから読むのか分からなくなってしまう。下手な文章は形容詞や修飾語を乱発するのと似ている。本人は美文だと思っているのが多い。しかし、凝るのを一概に否定してしまうとよくない。編集でも文章でも成長への道筋として、凝ったところを越えると、逆に飾り気のないシンプルのよさに気づいてくる。

印刷所では、大阪朝日や大阪読売新聞の労組の機関紙も印刷していたので、現役の整理部記者の立ち会いによる大組みを見る機会が何回かあった。プロだから営業部員の編集を通さずに、直接、組版場で大組みの作業員と立ち会いで組んでいく。大胆でシンプルな編集で、横から見ていても参考になった。

仕事がら、新聞の整理技術はかなり研究し、京都の数大学の新聞編集者を前に講演したこともあった。私は腕時計のグランドセイコーの新聞広告を持って編集のバランス論を講じたことがある。広告の時計は10時08分42秒を指していた。何故、そうなのかを考えて学生に問いかけた。首をかしげている学生が多かった。私はこう説明した。10時10分30秒なら360度を120度に分かれてきれいに安定して見える。そういう時計広告もある。が、安定しているというのは、抵抗なく見てしまうから、頭に残らない。が、10時08分という長針と短針の安定感に秒針の42秒という不安定にならない範囲でのアンバランスによって目にとまるのだ。これが正解だと思う、と説明した。時計の広告は、子どものころは10時10分30秒だったと記憶しているが、いつの日か分からないが、10時08分42秒になったらしい。

バランスとアンバランスの極致である10時8分42秒の時計広告

新聞編集もまず、基本形をきちんと習得した上で、さまざまなバリエーションをつくっていく。きれいに流すのではなく、アクセントをつくる必要性も述べた。新聞記事は小説でないので、いかにも凝ったものよりも、正確さ、平易さ、簡易さを追求し、文章も抵抗なく読めて、しかもどこか違う印象が残れば最高だ、そういう新聞づくりをめざしたらよいと講演した。

関西共同印刷は「民主機関の印刷センター」を標榜しており、職場は自由で民主的であったし、楽しく仕事ができ、政治についても勉強ができた。この経験は次のステップへの跳躍台になった。新聞の編集はそれなりにできたので、赤旗編集局からの誘いもあり、整理部で使えるという話で赤旗に応募した。東京の赤旗編集局に入局したのは71年10月で、最初の1年は新聞用語を勉強するために校閲部に配属された。赤旗は日本共産党の中央機関紙で日刊の政党新聞であったが、自民党や公明党の機関紙と大きく違い、編集内容は朝日、毎日、読売、日経など全国紙と同様に日本の社会全体の動きが国民に理解されるような新聞づくりをしていた。もちろん、共産党の価値判断にもとづく編集であるが、一般紙に近い政治新聞として発展していた。日刊紙では政経（後、政治部と経済部に分離）、社会、外信、地方、婦人家庭、スポーツ、大衆運動（労働組合や市民運動など）、文化、テレビ・ラジオ、写真、整理、校閲等の各部署があった。全国紙レベルの新聞社の機構組織を踏襲していた。

当時の赤旗には読売や西日本、河北、山陽新聞などの出身者がおり、編集内容も共産党関係者の枠から広い国民全体に広げていく過程にあった。より大衆的な日曜版も発行しており、編集部は別組織になっていた。

当時、赤旗は16ページで全国を5版、8版（首都圏、関西など）、9版（大阪）、10版（東京）の多版制で、総局は北海道、東北、関東信越、東京、東海、関西、中四国、西部（九州）の8総局で構成していた。全国版は本局、全国8総局でつくる。それぞれの総局はその地域の地方版も受け持っていた。

関西総局に赴任

私は整理部記者になる前に取材経験を積んだ方がよいという上部の判断で、入局1年後の72年11月1日に関西総局に人事異動となった。総局長は元読売新聞社出身で、ひとこと「文章は書けるか?」といわれたので、「文章を書くのは好きです」と答えたことは覚えている。総勢5人の体制で、大阪、兵庫、京都、滋賀、奈良、和歌山が担当地域だった。6府県には、それぞれの府県の党組織から県記者として1人が支局・通信部を構成していた。

総局長は文章が上手で、温厚で文化面にも明るかった。私は記者生活35年の経歴で、尊敬し、育ててくれ、今も感謝の念を持っている上司は3人いた。最初の駆け出し時代に1人前に育ててくれたのが総局長で、私のどうしようもない記事を書き直しさせたり、原稿として使えるようになった段階で、あとはさらさらと巧みに朱字（あかじ）を入れてまともな記事にしていった。一般の企業と違って自由にものはいえるが、総局長や先輩に対しては友だちみたいな口の利き方はしなかった。上下関係もあるが、これは社会的礼儀をわきまえているかどうかの問題である。

関西総局に赴任した翌日、さっそく、大阪空港騒音訴訟の原告が騒音を苦にしながら亡くなった取材を命じられた。亡くなった原告の名前と住所だけを教えてもらい、メモ帳と地図、カメラを持って押っ取り刀で総局を出発した。行き先は兵庫県川西市東久代地区だった。出かけたのはよいが、何をどう取材するのか自分で考えるしかない。阪急宝塚線の中で、「いきなり原告の家に向かっても、断られたらどうしょうか」とまず、思った。いろいろ逡巡していた時、「川西市役所の共産党議員団に行ったら原告の自宅も状況も分かるかも知れない」と思い議員団を訪ねた。議員は2人いた。「丁度、今から弔問するつもりだから、一緒に行きましょう」といってくれた。

自宅は大阪空港の滑走路の延長線上にあり、離着陸の直下に位置していた。議員のあとに焼香をし、亡くなった時の話から尋ねた。滑走路のバイパス用誘導路の建設に反対する住民集会に出席したあと、自宅で心臓の痛みを訴えて倒れ、1時間後に死亡したという。60歳だった。たどたどしい質問だから、議員が補足してくれた。息子さんとのインタビュー中も離陸した旅客機が飛来してくると、ガラス入りの障子がガタガタと音を立て、家も揺れていた。互いに声は聞こえないので、しばしばインタビューは中断した。100ホンを越える騒音地帯であった。電車のガード下が90ホンといわれていたので、騒音の凄まじさが理解できる。亡くなった原告は「せめて、朝晩に飛行機が飛ぶのをやめてほしい」といい続けていたという。自宅には原告団の「静かな夜を返せ」というポスターが張ってあった。1日の離着陸回数は約400回で、うち260回がジェット旅客機だった。

なんとか取材を終えた帰り道、同行してくれた議員が「何年、赤旗記者をやっているの」と聞いてきた。頼りなさそうに思っていたのだろう。私は「今日、初めての取材です」というと、「えっ」とした顔をし、しばらくしてから「がんばって」とだけいった。恐らく、こちらは「すみません。ありがとうございました」といったと思う。総局に戻って、取材の報告をし、記事を書いた。総局長は、質問をしながら原稿を直してくれた。

翌日の社会面を自宅で見たが、何も出ていなかった。「あぁ、やっぱり簡単に紙面には掲載されないんだなぁ」と、あきらめというより掲載されなくて当然という気持ちだった。総局に向かう電車の中で、改めて社会面全体を見ると、各紙面ごとに新聞枠の上にある「赤旗」の題字下（通称、頭）に5段抜き「大阪空港騒音ついに犠牲者　来年の訴訟結審を前に」の見出しで掲載されていた。私は、社会面下段のベタ記事（1段記事）ばかりを見ていたので、上段に掲載しているのに気がつかなかった。お世話になった議員に申し訳ないと思っていたので、喜ぶよりもホッとした思いが強かった。

その2週間後に71歳の女性原告が「飛行機が憎い」と騒音から避難するために押し入れの中で生活をしていて亡くなった。同じ東久代地区で、不眠症で1年半にわたって押し入れで生活していたという。お孫さんが見かねて当時の小山環境庁長官に手紙を書いて訴え、見舞いにきた長官が「民家の防音工事は一番最初にやります」と約束していた。晩年は高血圧と不眠症で、食事も十分にできないまま衰弱が激しくなった。死因は老衰であった。この記事も「騒音憎い、1年半押し入れの中　大阪空港老女ついに死亡」と4段抜きで掲載された。記者生活は強烈な現実を直視することから始まった。

ある時、大きな火事の取材で現場に飛び、写真も撮って総局に戻り、記事を書き始めた。

記事を書きながら同時に撮影してきた写真の現像、焼き付けも行わなければならなかった。写真は目覚まし時計で、ネガフィルムの現像時間がすめば、ベルを鳴らすセットをし、その間に記事を書いていく。当然、当時は手書きの原稿用紙（B5判）に書く。ファクスが入った頃なので、原稿を1枚1枚ロールにセットして東京の本局に送るやり方である。1枚の原稿を送稿するのに1分弱かかる。締め切り間際だと原稿を1枚書くと、側にいる総局長がひったくるように朱字を入れて送稿していく。写真現像時間のベルが鳴ると、記事を中断して6、7m離れた暗室に走り、ネガフィルムを乾燥機に入れて乾かす。3、4分の時間がかかる。その間、また記事作成に戻る。総局長は朱字を入れている。

とにかく、全部1人でやるのが原則である。まず、記事を完成するのが第1。次に写真の焼きつけとなる。写真は紙面の都合で掲載されるかどうかは分からないので、優先順位は2番手になる。火事の取材は記者自身も興奮気味なので、見てきた情景ばかりが頭をよぎって落ちついて書けない。5W1Hなんて記事の基本は知っていても、頭の中はいっぱい書くことがあっても筆が進まない。あせるし、汗をかきながら必死で書いていく。見かねた総局長は側で話を聞き、不十分な原稿に手を加えて記事に仕立てあげていった。頭の中で考えていたことが記事になっていく。「無駄なく、うまく書くなぁ」と、無から有が生じるようにちゃんとした新聞記事になっていった。何かマジックを見ているような感じがした。原稿がOKになると、お礼をいって、ファクスで送稿する。あとは写真を紙焼きして写真電送機で送って1件落着となる。当時、総局には写真部記者はいなかった。写真記者の総局配置はずっと先である。記事ができても喜んでいる余裕はない。責任を果たせてホッとした気持ちしかなかった。

今日のように原稿をワープロやパソコンを打って仕上げるのは、まだ20年ぐらい先の世界である。「現場に行くには10円玉をたくさん持って行け」というのが、当時の取材のイロハであった。公衆電話から連絡するためだ。その時、総局長がいったのは「君は消防の話や火事のデータをきちんと取材しているし、住民の声も取っているので、話を聞けば記事にできる。あとは記事の書き方、体裁に慣れていけばよい。取材をしっかりしていたのがよかった」とほめてもらった。がっくりきていたので、少しは自信を持つことができた。

新聞写真はすべてモノクローム（黒白）だ。暗室操作は勉強になった。フィルムの現像液の温度と現像時間の関係を表にまとめ、持ち歩いていた。他県の取材先で現像することもあったからだ。写真は高校時代から山の写真を撮っていたので、暗室操作は興味があり、楽しかった。現像液をつくったり、暇な時は暗室で同僚の写真を焼いたりした。写真は撮影するだけでは上手くなれない。絞りとシャッタースピードの関係、露出、角度と構図といった基本勉強をやり直し、増感や紙焼きの段階でのトリミングなど暗室操作を覚えたことで確実に写真の腕は上がった。現在のデジカメになってもそれなりに応用ができている。何でも基本勉強をやっておくことは、必ずためになる。

最初のスクープ

最初にスクープしたのは、取材記者になってから10カ月目の73年9月18日付けだった。

私が自分で書いた記事をスクラップ帳27冊（72年11月～2006年7月）に張り付けてある。2冊目のスクラップ帳に、掲載面は2面（内政面）で、腹（紙面の真ん中）に3段見出しで「高熱や手足にしびれ　ヘドロしゅんせつで公害病？　堺市の職員、党市議団が調査始める」

と掲載された。しゅんせつ船でゴミを収集する職員らの2段扱いの写真が添えられている。内川という泥川でヘドロやゴミのしゅんせつ作業員が原因不明の症状で入院騒ぎが起きているのを市職員労働組合の調べでわかったので記事にした。記憶は定かではないが、堺市役所の共産党市議団にネタ探しで寄った時、話の中で出てきたので詳しくは市職員労働組合で話を聞き、現場の内川に行って直接作業員から状況を聞いた。内川は、織豊時代の自由都市、堺を取り囲んでいた堀の一部で今は泥川になっていた。作業している写真を撮らしてもらって記事にした。市議団は後日、調査の上で市議会で取り上げることを決めた。

堺は紀州街道沿いの古い街で、堀に囲まれた旧堺で小学校時代を過ごした。鉄砲町や旅籠町、材木町、寺町といった商いなどを表す町名が多くあった。近所の友だちには刀鍛冶や文化財指定の商家や農家があり、よく遊びに行った。

翌日の19日には、朝日をはじめとした各紙が地方版トップで「ヘドロしゅんせつ　作業員に高熱やしびれ　3人が症状訴え　市、水質など調査へ」とあと追いした。スクープはスクラップ帳に☆印を付けてある。あと追いをした新聞もその部分に挟んである。総局長は他紙の記事を指さしながら「気持ちいいやろ」といってくれた。結果的にスクープになったという感じだったので、「やった」という思いはなかった。各紙を見て、「もっと詳しく書いていた方がよかったかな」と思ったりした。これまで自分でネタをつかむより、デスクの指示で日々の動きを記事にしたり、他紙が書いた記事のあと追いに終始していたので、ようやく自分なりの取材に乗り出したという思いの方が強かった。

新聞業界では、スクープをとったら駆け出し記者から1人前に認定される風潮があった。もちろん、本当の意味で1人前になるには個人差はあるにしても10年近くはかかる。従って、駆け出しがスクープを取れば、トロッコから1人で動ける汽車（記者）になったという程度の評価で間違いない。同僚と祝杯をあげた。

私の場合は毎日平均3、4本は書いていた。早版で書いた記事は、新しい動きを入れて次の版には差し替え記事を書いた。これは習慣になっていた。自分の記事へのこだわりと完成度の高い記事にするのが大事だという考えがあった。ニュースは絶えず動いて発展していく生き物でもある。きちんとフォローすることが取材対象者に対する責任でもある。記事を1本書いたら終わりということはない。元北朝鮮の平壌特派員だった地方部副部長が「機関銃のように書いているね」と電話でいって笑っていた。

関西版という広域の地方版は総局の責任で発行している。ニュースがない時は白紙で出

す訳にはいかないので、日々のニュースに合わせて夕方の打ち合わせで4人の記者の提稿計画を出し合って、2、3日先までの大まかな記事を確保していく。総局長は記者の提稿計画を聞いて、トップや左肩の大きな記事を記者に割り振りして提稿日を押さえていく。絶えず地方ダネを持っていなければならない。

ベテラン記者はいつでも提稿できるように、トップやまとめもの、何本かの「埋め草」を机の引き出しに貯めていた。地域の話題ものや季節もの、学校、動物園、催しものなどを取材しておく。総局長が地方版トップを求めると、街ダネに強いベテランがそっと記事を引き出しから出して見せる。そういう情景を見て育っていった。街ダネに強いベテラン記者に教えてもらって、奈良の山奥の平家の落人部落の奇祭や百姓一揆を語り継ぐ手鞠歌を取材したことがあった。大阪の都会を駆け回っているのが取材と考えていた狭さに気付かされたし、魅力ある地方版づくりを考えるようになった。ベテラン記者は、ニュースばかり追いかけている駆け出し記者に多様性のある紙面づくりをそれとなく教えたと思った。

大阪空港騒音訴訟や西淀川公害訴訟など司法担当もあったので、他社の記者から学ぶことが多かった。どういうふうに記事、解説を書いているとか、必要な取材先、動きに注意した。よい記事であったら直接会って話を聞くこともした。先輩記者は「よい記事を書いたら、他社から取材を受けるようになる。早くそうなればいい」と激励してくれた。

他社から学ぶ

どんな仕事も3年見習い、5年で片腕、10年で1人前になるといわれている。個人差はあるが、こういう期間で経験や体験、人に聞いて教えてもらう。自分から聞かないと、わざわざ教えてくれることはない。それに必要な資料を集め、関係の書物を読むなどして1人前になっていく。毎日、最低1人に会って話を聞くと自ら課している記者もいるし、毎日名刺を配るというのもいる。大阪府政記者クラブの各社のボックスに行って、教えてもらったことも多い。できる記者ほど嫌な顔をしないで親切に教えてくれた。感謝しながら、いずれは自分自身もこうなっていかなければと思った。情報を取るということは大事だが、人間的な付き合いができれば長続きはできる。

日頃からアンテナを張り、ニュースを提供してもらうとか相談に乗ってくれるブレーンを構築していくのである。ブレーンは記者の担当分野によって違うが、私の場合は本局の東京に異動してから弁護士、医師、研究者・専門家が多く、後には航空分野や軍事分野の関係者が増えていった。記事の評価、事実関係の間違いをしないようにチェックしてもらう協力者であり、相談者になってもらう。必要な時に利用することしか考えていなかったら、適当にあしらわれてしまう。日頃から懇意になるだけではなく、信頼関係を構築しておくことが大事だ。

関西にいる間で大きな全国的ニュースに遭遇した。74年4月にフィリピン・ルバング島から30年ぶりに小野田寛郎元少尉が和歌山・海南市に帰国した。元中野学校出身の将校で終戦を知っていたかどうかは別にして、残地諜報を目的にルバング島にいたといわれた。その帰国取材を通じて、大新聞、テレビ局の取材の凄さを目のあたりにした。赤旗は私たち3人しかいなかった。各社はヘリを飛ばし、大阪本社からの遊軍、写真部も含めて1社あたり10人前後はいた。小野田さんの実家には両親、弟さんがいたが、マスコミの対応で大変だった。周辺の住民も一目見ようとたくさん集まっていた。和歌山県庁からパレードで帰宅した。自宅前で両親とともに小野田さんはお礼の言葉を述べた。各社のヘリは撮った写真を回収して大阪方面に戻っていった。こちらは和歌山市に戻り、写真を現像し、携帯電送機で送稿した。各紙の取材のやり方と記者の運用についてては大いに参考になった。同じ取材で同じ社が2人も3人も記者を投入するのは不合理な面と感じたが、漏れなく取材する体制は「すごいなぁ」と率直に思った。他社と同じように取材するのは、よい刺激になるし、書いた記事についても比較できる。競争意識も育っていった。駆け出し時代は他社から学ぶことは大切で、著名なジャーナリストの本もよく読んだ。

関西にいる間は、政治的には革新知事といわれた美濃部都知事、蜷川京都府知事と並んで黒田了一大阪府知事時代の府政取材を経験した。議会取材をしていたのは、将来の国会取材にも役に立った。大手新聞社は、最初は記者を地方総（支）局に飛ばし、県庁、裁判所、警察取材などを経験させている。県市町村選挙もあるし、地域の政治、経済、社会の動きを取材する。新人記者教育では地方記者を経験させれば基本が身につくので、どこも似たようなやり方をしている。こういう経験の有無は、新聞記者の動きや発想にも影響を与える。特に、最初の3、4年の経験と努力が大事で、将来の記者生活に大きな差が出てくるといってもいい過ぎではない。取材力、筆力よりも記者としての発想が違ってくる。

技を盗む

職人仲間では、よく「人の技術を盗め」という言葉がある。最初は人のやっていることを見て真似をすることで覚えていく。できるようになってくれば、自分なりに考えて工夫をし、自分にあったやり方を編み出していくのである。職人さんは技を教えない。教えても本人が創意工夫しないと自分のものにならないことが分かっているからである。それは業種が違っても共通しているといいえる。

奈良の法隆寺や薬師寺の宮大工の棟梁であった西岡常一さんが、本人の経験から自然と沸き出てきた含蓄のある言葉を残している。飛鳥時代に建設された法隆寺には丈夫な檜を使用している。檜のよさをもって「木の個性を殺さず癖や性質を生かす。人も木も育て方、生かし方は同じだ」「仕事は全部教えると早いが、努力しないので忘れるのが早い。考え、工夫させることが大切」「知識を持っていても知恵として生かせるかどうか」といった至言を残している。

西岡常一さんの『木に学べ　法隆寺・薬師寺の美』（小学館文庫）では、「法隆寺を解体しましてね。屋根瓦をはずすと、今まで重荷がかかっていた垂木がはねかえっていくんです。樹齢千年の木は堂塔として千年は持つ。それが実証された」と語っている。千年生きる建物は千年生きる檜が必要だといっている。はねかえった檜は、削れば檜の臭いがしたという。「木は鉄を凌駕する」ともいっている。素晴らしく育った檜は、檜を育てた山があり、腐植土の土壌があったからだという。「人間も同じで、甘やかして欲しいものがすぐに手に入ったんじゃ、いい者にはならない」とばっさり斬っている。答えだけを求めて過程を大事にしないという易きに流れる現代人の有り様に、西岡常一さんの考えは人間の生き方の基本を見る思いがする。深いところでものごとを考えることが大切だ、と教えられた。

記者としてかなりたってから、世間で話題になった人をインタビューする「人」欄で江戸の浮世絵の摺（す）り師、長尾直太郎さんを取り上げたことがあった。きっかけは、『東京の職人』（淡交社）という著作の中で長尾さんの話を読んだので、ぜひ会って話を聞きたいという思いを持っていた。「技術は習うのではなく、盗むのだ」という職人の世界の常識を記事にするためであった。

長尾さんは、木版に墨つけをしながら摺り師の工程とポイントを説明する。こちらの顔を見る眼光の鋭さには、威厳を兼ね備えていた。「これは本物だ」と直感した。

長尾さんは「おやじは『おれに教わると、おれより上には行けない。欠点だけ見て、おれよりうまくなれ』といいやがんの。何も教えない、遊んでても怒らない、その代わりカネもくれない。仕方ないんで仕事したんだ」という。見よう見まねで覚えていった。和紙を使うからその日の湿度の影響を受ける。失敗するたびに考えた。「へたなやつは何年修行しても下手。技は習うんじゃなくて盗むの」という。身体にしみついた言葉だ。江戸ブームになって、日本人、外国人も習いにくる。が、「今の人は『すぐ、うまくいかない』という。おれなんか70年やっていてもうまくいかないのに……」と語っている。神髄が分かっていないということだろう。

長尾さんの記事の反応を見ていたが、周囲の記者連中やデスクも何の反応もなかった。「まぁ、そんなものだろう」と自分なりに納得していた。どんな仕事も真似ごとはできても、それで通用すると思ったら大きな誤算だ。

大田区の町工場の職人をよく知っている松本俊次さんは「ものつくりには歴代にわたる技（わざ）の継承がある。技だけなら粘り強い反復練習を積み重ねればできるかもしれないが、創意と知恵は技だけでは得られない。問題が起きた時に適切に処理する能力が必要である。それはものつくりに魂を吹き込めた人格と深く結びついている」と指摘している。ロボットやコンピューターが寸分違わず製品をつくっても、問題が起きても処理できないし、知恵も工夫も生まれてこない。それから先は自分で汗をかいて血を流して自分なりの道を開拓していくしかない。職人さんの仕事に対する考え方は本当に参考になった。

4 現場取材の意味

社会部に異動

関西総局で2年余過ごしたのち、75年1月に本局の社会部への異動が決まった。4年ぐらいは関西でと思っていたが、案外異動は早かった。社会部記者は20人余いた。社会部長は西日本新聞社の出身で、編集局では骨のある人望の厚い人だと噂されていた。記者の多くは、部長を心底信頼していた。だから、部はまとまっていた。社会部に異動して1ヵ月ほどたったころから、外にいって取材したいという気持ちがはやり、うずうずしていたら、部長が察知して静岡県の土砂崩れ死亡事故の取材を命じた。そのあと、高知や関東周辺の埼玉、茨城県などに出かけた。記者の指示は副部長や当番デスクが行っていたが、部長は記者をよく見ているなぁと感じていた。

3ヵ月ぐらいたったら生活班に配属された。女性記者1人を含めて4人で構成していた。生活班担当のデスクは面倒みがよく、記者の話をよく聞いてくれた。私にとって、関西総局長、社会部長、生活班デスクの3人が記者として1人前に育ててくれたと思っている。今からふり返れば、記者として成長していく一番大切な時期に、こうした3人に巡り合わせができたのは幸運だったことに尽きる。2人の方は亡くなられたが、退職されるまで、私の記者活動を支えてくれた。何とか乗り越えて行けたのも最初の5年で1本立ちができ、記者生活が確立できたからだといえる。記者生活の確立とは、仕事ができることはもちろん、自分なりの考えに責任を持って行動できたことでもある。

62歳で退職するまでの間、人間的にどうしようもない人たちもいたが、どんな組織でも何百人、何千人もいれば、さまざまな人間がいるのは当たり前のことである。自分自身がきちんとした考えで生きていけば、雑音に惑わされることもないだろう。人の話や噂の類いは、真に受けない方がよい。自分自身で確かめることで人を見る目も養われていく。

生活班担当デスクと食料問題の連載をコンビで組むことになった。食糧問題で農業、漁業取材を数年にわたって連載した。農業、漁業などは、これまでまったく縁がなかったので、まず、農林省や埼玉、長野、新潟県の農林試験場などの研究機関に行って、一体、何が問題なのか、そのためにはどこにいって何を取材すべきかから始まった。ゼロからの出発だった。自分の基礎知識と問題意識を持たないと、即現場に行っても役に立たない。関係資料やデータよりも、直接、研究者に会って話を聞いた方が理解できると考えた。

まず、研究機関の種類の多さに驚いた。「こういう人たちが日本の農林業を支えてきたのか」と思い、自分自身の知識のなさを思い知らされた。特徴ある各県の研究機関は農業試験場を持っているので、米や野菜、大豆などの生育を見ながら改良している。そういう意味では現場を知りながらの研究なので、机上の理論を振り回すことはなかった。理科系の研究者の発想にも興味を持った。ビーカーでインスタントコーヒーを御馳走してもらいながら取材した。

取材してきた内容をデスクに話して意見交換をし、「生活シリーズ『食糧』第1部　食べ物を見なおす」企画で、自給自足の実態から野菜、魚の流通問題、加工食品など9回連載で日本の食糧問題の基本から問い直した。第2部は「生産現場から」で、米から始めて麦、大豆、トウモロコシ、畜産、漁業へと発展していった。

日本人の主食の米＝稲は南方から伝わってきた歴史から生産地の気候・風土に対する度重なる改良、倒伏、冷害を乗り越えて日本人の主食として北へ北へと発展していった。そういった基本を踏まえた上で、日本の農業政策の歪みとして表面化してきた米の減反・生産調整の弊害まで含めて連載は18回に及んだ。出張の繰り返しで、このシリーズで日本の47都道府県の半分の地域を網羅した。米の取材では北陸、東北、北海道を駆けめぐった。

最初は取材を終えたら東京まで戻って書いていた。が、非効率、不合理なので、慣れてきたこともあり、デスクと連絡を取りながら現地で書きあげ、原稿、写真は指定のA４大の封筒に入れ、国鉄のバック便（鉄道利用で東京駅着の、いわば郵送便）を利用した。東海道新幹線しかない時代だから、すべて在来線とローカル線、バス利用の取材となった。夜行で東京まで戻ってくると、東京駅構内にあった東京温泉に入って、疲れをとって定時の10時に出勤をしていた。東京では次の取材の準備に入り、合理的かつ効率的に手配を整えて、取材計画、出張計画を立てていった。その上でデスクに相談して許可を取る。今から考えたら、若いし、仕事が面白かったからできたと思う。1人仕事の気楽さもあった。目的地と東京との往復で、観光地にはほとんど行かなかった。実際、当時は今日のような観光地はほとんどなかった。後年、私もデスクになったが、記者の記事を見れば手を抜かず、まともに仕事をしていることはすぐに分かる。

現場から学ぶ

秋田では田植えを体験した。雑草の草刈りも行った。1日で腰痛になったが、終わると、炉端で酒を酌み交わしながら農民の米つくりの話を聞いた。宿泊もホテルではなく、農家に世話となった。その方がじっくりした話が聞けた。農家の生活の様子も分かるし、奥さんには家計まで教えてもらい、米つくり農家の実情が理解できた。農家は出来高払いで生計を立てているので、農協に生計の仕組みも教えてもらった。取材先で話を聞くだけでは、相手のいい分は理解できるが、少しでも自分が体験することで新しい発見につながる。現場取材の大切さは、現場で見聞きすることだけではなしに、信頼関係を築くことが掘り下げた取材につながることを学んだ。研究機関で教えてもらったことが、本当に役に立った。知識は生きたものになった。米つくりを真剣に考えて取材する姿勢が伝わったのかも知れない。

もともと、熱帯産の稲が品種改良によって北海道まで作付けが普及した歴史も追いかけた。稲の北限地域を求める取材は、日本の米つくり政策の問題点、くるくる変わる〝猫の目〟農政の実態ルポになっていった。

稲が北海道に渡ったのは１８７３年（明治6年）だった。当時は石狩管内広島町島松沢に住む中山久蔵さん（当時42歳）が冷害対策として水田に湯をそそいで栽培したのが始まりであった。以後、北海道の米つくりの拠点となった島松沢には「寒地稲作　この地に始まる」の記念碑が建立されている。図書館で調べて中山さん宅を訪ねたことを覚えている。私の取材は中山翁の寒地稲作から１００年たっていた。中山さん宅では私の突然の訪問に驚き、中山家の歴史を詳しく教える形になり、大変喜んでいた。
涙ぐましい品種改良を重ねて、日本最北端の街、稚内市へあと100キロの日本海に面した留萌管内遠別町に到達した。稲の北限の地だった。遠別の平均反収（1反＝100アール）は取材した75年で350キロ。米つくりが盛んであった57年には反収720キロの田も出現した。同年の日本の平均反収が473キロだったので、遠別の反収は北海道の米つくり農家がいかに心血をそそいだかが分かる。

しかし、70年から始まった生産調整は、農民に大きな衝撃を与えた。当時の全国農協中央会会長が「心田は荒れる」と嘆いた。75年11月の取材時では、遠別町大成では離農が相次いでいた。空き家になった農家やコンクリートの基礎と風呂場のタイルだけが残った土地の寂しさが北海道稲作の歴史を感じさせていた。来春に離農する農家を訪問した。ダルマストーブで炊いていた小豆の甘い匂いがする土間で、「苦労してつくっても反あたり5万円、休耕すれば3万円。バカらしくてつくる気がしない」との声を取材した。かつて、農林大臣から賞状をもらった研究熱心な農民も離農して札幌で商売を始めたが、うまくいかず家族が離散したとも語っていた。ストーブを見つめながら「（来年）離農したって見通しはたっていない」とことば少なめに語った。忘れられない北限の地での取材になった。

外は小雪が舞っていた。農業問題を追いつづけてきた農民なき農政という核心にたどり着いたような重い気分であった。

76年は冷害の秋となった。夏場の日照が少なく、東北地方は40数年ぶりの大凶作となった。「冷害　実りのない秋」という連載をした。天候の問題は主原因であったが、被害を深刻にした背景には、稲の適地適作、三ちゃん（じいちゃん、ばあちゃん、かあちゃん）農業の実態、機械化による借金地獄、水稲共済の足切り3割、農産物の価格無保障、出稼ぎ問題など米つくり農家が置かれている実態を青森、岩手、秋田、宮城を中心に掘り下げた9回連載となった。つんと立ったままの青い稲を黙々と刈り取る農民の姿が目に焼きついていた。刈った稲を透かして見ると、籾が透けて見える〝あんどん穂〟だった。その中で明日の農業に情熱を込めて踏ん張っている若い農民の姿も追った。

深刻な実態を読者に提供する側面も大事であるが、少数なりに違う側面もある。展望のないところで将来展望を描いたところで説得力はない。事実を直視し、現実世界に立脚した冷めた視点から見ていかないと現場取材の意味がない。現場取材は現場の声や訴えを取ることで終わるなら、東京からの電話で済む話になってしまう。訴えを通じて何が問題なのかを記者の視点でするどく指摘していかなければならない。声を取材したら、その声をもとに次は行政の施策、それを受けて、農協など範囲を広げて関係する声も取る。矛盾や考え方の違いが出てくるし、答えも1つとは限らない。らせん状に回転しながら内容を突き詰め、上昇していく。総合的に取材して問題点を仕分けしてまとめていく。自分の足で歩いて、目で見て、聞いて、臭いを感じて、頭で考える。この繰り返しが取材である。確かめるために同じ人に2度会うこともある。

後の漁業取材では稚内や釧路で沿岸や沖合などの漁船に乗せてもらって取材した。何でも見てやろう、何でもやってやろうという気持ちで対応する。知らないことは強い。1日中、船に乗っていると疲れるが、こちらの対応次第で深く話も聞ける。同じ目線で、同じ環境で取材する。漁船の小さな食堂でイクラ丼を山盛り食わせてもらいながらの取材になった。「一枚下は地獄」という漁民は農民とは違った発想の持ち主だ。農業でも漁業でもまったく違う環境の人間が取材の名目で飛び込んでくるので、珍しさもあるので、どちらが取材されているか分からないことも起きる。取材相手もこちらを吟味してくる。忙しいのに暇な人間の相手はできないのだ。今でいうパフォーマンスなんてすぐに見破られてしまう。とにかく、懐に飛び込む覚悟で漁師の考えを聞く。私は記者ぶったり、構えたりしないで、すぐに順応するところがあるので、結構話してもらえた。陸に上がったら漁師仲間や網元の紹介、水産加工会社なども教えてもらい、次の取材の足がかりをつくってくれた。下船の時、「これ、持っていって食えよ」とカニやイカ、魚がいっぱいのトロ箱を無造作にくれた。旅館に持って帰って料理してもらった。

経済水域の200カイリ（海里）問題が論議になり出したので、船で海外まで行けるパスポートにもなる「船員手帳」も交付してもらった。釧路の北転船（1960年に水産庁が沖合底引き船が増えたため、大型化と引き合いにして遠洋に転換させた）に乗船して低気圧の墓場といわれるカムチャツカ半島付近まで取材したいと考えていた。200カイリ取材の象徴であった。北転船に乗るために釧路の機船漁協と交渉して、取材のOKまでとってきた。機船漁協には何度も足を運んでいたから顔なじみになっていた。ところが、編集局長の反対で実現しなかった。その理由は「ソ連に抑留されるとソ連共産党に借りをつくる可能性がある」。その答えに驚くよりもあきれた。「殺されることはないので抑留されたらよい経験になったのに」と思った。当然、各紙は乗船して厳冬のカムチャツカ半島沖の漁業取材を連載した。真冬のカムチャッカ半島周辺は、350トンの北転船のロープが波しぶきで氷つき何倍もの太さになって、そこにツララが垂れ下がる。氷を斧で細かくして転覆を防ぐ毎日だ。根室にいた北転船の写真集を出版した写真家からその話を聞いていた。乗船した記者たちも、氷を外す作業を手伝ったことをルポしていた。

77年になると、年初めから200カイリ問題が大きくクローズアップされてきた。沿岸の3カイリから経済水域の200カイリの狭間で沿岸、沖合、遠洋漁業はそれぞれ四苦八苦していた。稚内や釧路などにでかけては特集記事などでルポした。稚内市では「開基百年目に〝稚内村〟にするな」と漁業危機突破市民大会が開かれ、市ぐるみの運動になっていった。担当デスクと相談して「北の漁業　200カイリの荒波」の連載を始めた。漁業問題の背景には、乱獲のツケもあった。知床の羅臼でソ連に抑留されていた漁民は「急病でソ連領の港に立ち入り、その往復でソ連沿岸の豊富な漁場で乱獲していた」「ロスケ（露助）に渡すパンストやたばこ、ライターなど持参していた」といっていた。北転船の船主自身が「以前のように無茶苦茶な乱獲が許される時代ではない。200カイリ問題はこれまでのツケが回ってきたようなものだ。業界全体が資源の再生産を考えなければ取り返しがつかない」と語っている。

取材スタイルの確立

今でこそ、資源の問題は国際問題として議論されているが、当時、日本の漁業は大きな曲がり角にさしかかっていた。東京から遠く離れたところで、時代の先端にいることと新聞記者の役割をひしひしと感じていた。東京のデスクとは仕事の進捗状況や企画についてては絶えず連絡をとって指示を仰ぐが、現場では1人で対処していかねばならない。議員や行政、漁業・水産関係団体、研究者などの話も聞いて、取材している課題を肉づけしていく。食堂のおじさんやおばさん、タクシー運転手に聞いて、役に立つ人を紹介してもらったことも多い。中でも地元図書館の資料、郷土史研究家の話は、取材の不足分を補うことができた。「これで大体、書けるな」という確信につながっていく。取材が不十分であれば、書く段階で頭の中で記事をこねくり回すことになってしまう。

連載記事やまとめものは、およその構成と回数、記事の流れを簡単にメモして、あとはすべて頭の中に入っている材料で書いていく。ひと通り取材が終えて、構想を練っていたら遅くなる。取材をしながら同時平行で構想を考えていく。材料ごとに、連載項目のどこで使うかを考えておく。考えるのは昼飯を食っていたり、列車で移動したりしている時に構想を考えるのだ。旅館に帰ったら、即、その日の取材のポイントを整理し、大事なところはアンダーラインで印をつけておく。風呂に入って一段落していたら、頭のモードが切り替わってしまう。限られた時間の中で効率的、合理的に仕事をこなしていく。長期出張は自分なりの取材スタイルを確立してしまうよい機会になった。それは、東京に戻っても、仕事を先送りしない、貯めない。早い目、早い目に準備して書いていく。仕事を抱えていると、新しく指示された仕事に躊躇してしまう。いつでもスタンバイできる態勢が必要だ。

勧進帳で送稿

書く段階に入ると、取材メモは固有名詞や数字など確認するために見る程度だ。取材メモを見ながら書いているのでは間尺に合わない。何回か経験したが、頭の中に文章が日めくりのように順番に出てきて、さらさら書いていけることがある。それがなぜ、できるのかというと、充分な取材をし、かつ頭の中で整理していることである。時間を置くよりホットな状態で書いた方がよい。100％取材したうち、記事にするのは70％ぐらいだろう。100％取材しても捨ててしまう率が40～50％だと、無駄な取材が多いということになる。

取材が不十分な記者は60～70％の取材で１００～１２０％ぐらいに膨らまして書いている。行数の割には中身がない。取材して大事な話を書くよりも最初から政策に沿った筋書きにあわせた材料や声を集めて書いているのが多い。日時と場所、人だけが違うだけで、同じ内容で書いている。周囲に仕事をしていると思わせるためだ。私は〝アリバイ記事〟と呼んでいる。残念ながらそういう記事は氾濫している。

一般に書くスピードも50行のニュース記事なら15分～20分。80行くらいの解説は30分。１００行の連載も40分～60分ぐらいでまとめていく。

よく50行程度のニュース原稿では、締め切りが迫っている時に電話で吹き込む時、メモなしで読んでいったことがある。歌舞伎でいう「勧進帳」だ。大事なことから話していく。記事の受け手の方も、受け取ったあとでリライトしていくやり方だ。これができるようになれば、ベテランの域に達しているといえる。送稿時間を節約するためには、自分で符丁を決めておく。例えば、日本共産党は「共産」という具合である。もちろん、ミスはご法度である。名前や団体名など固有名詞は、きちんと字解きしておく。「河」はさんずい「河」、「川」は三本「川」となる。「勧進帳」ができるのは、ニュース原稿の方程式を頭の中に持っているかどうかだ。アナウンサーが原稿を読むようにはいかない。ポイントを抑えて、一通りの文章ができていれば、あとは受けてのアンカーに任せる。大事なことはニュースを締め切り時間に間に合わせることだ。日ごろから正確な記事を書いていないとできない。やっつけ仕事をしていたら便利屋になってしまう。

北海道での漁業取材の時は、1カ月以上、自宅に帰っていなかった。記者とはこういうものだと思っていた。疲れたら別だけど、代休なんて考えていなかった。緊張しているから疲れることは余り感じなかった。出張先で休むということは考えなかった。やはり、書き終えなければ、心身とも解放気分にはなれない。連載が終えてしまったら1、2キロぐらい痩せて、腑抜けみたいになっていた。虚脱感に襲われるのだ。頭のモードが切り替わるまで1週間ぐらいボケッとしていた。山やスキーに行くとか映画を見るとかして気分転換して早く切り換えるようにした。

何もなければ1週間に1回休むのはよいが、仕事次第で休めない時もある。記者は休まなくてよいといっている訳ではない。人よりよい仕事をするなら、仕事優先の考えにならないと通用しないということだ。私はもともと天の邪鬼だから、人が休む盆や正月は出勤していた。

農漁業取材に明け暮れた生活班から教育班に担当が変わった。担当デスクは河北新報社出身で、文章も立つし、記者教育にも熱心だった。約1年間、3人ないし4人の担当記者で教育連載を行った。「教育を考える」シリーズで、第1部学力をめぐって、第2部体力を問いなおす、第3部生きる意欲、第4部ゆとりとは、第5部どうする受験体制、第6部現代父親論などを連載した。

意欲を考える、では北海道の僻地教育を取り上げ、江差に近い檜山管内上ノ国町で太鼓を使った授業で子どもたちに生きる意欲を考える実践教育を取材した。その時にお世話になった小学校の教諭2人とは文通が続いた。2人はともに亡くなったが、奥さんとは今も年賀状でつながっている。77年12月の取材だったので、35年前のことだ。

僻地教育の取材が1通り終え、先生に小雪降る日本海側の海辺につれて行ってもらった。教え子の父親が漁船で遭難した際、子どもたちが級友の励ましと父親の発見を願って沖に向かって太鼓を打ち鳴らした。子どもたちで決めたのだ。乗組員の家族や6年生37人全員が「豊漁太鼓」を5回繰り返した。見ていた人たちは全員、父親が見つかると思ったという。「いい話だなぁ」と思った。教室に於ける太鼓の練習取材を捨てて、この話を連載の記事にした。

教育シリーズは、単行本に上梓された。売り物企画として毎日、連載され、教育の赤旗として新聞拡大の目玉企画になった。

5　軍事記者にはまる

政治部に異動

77年8月末に政経部（後の政治部）に異動した。社会部は3年半いた。尊敬していた部長も変わっていたので異動は歓迎であった。10年ぐらいはさまざまな経験を積む必要があるし、政治部は赤旗にとっては最重要部門なので内心喜んでいた。最初の1年は内政班として運輸省、環境庁などを担当した。そのほか、政党班、安保・外交班、経済班があった。国会班は法案との絡みで各班から別途選別された。政治部は班、部全体の政策論議が多く、最初はなかなか馴染めなかった。各記者が取材してきた話を中心に政治論議、情勢分析よりも党の政策・方針の理解の方に重点があり、その正さを証明するような議論に終始していた。デスクの発想も柔軟性がなく固かった。

当時は大平内閣の時代で、国会はダグラス、グラマンの航空機疑惑の証人喚問が焦点になっていた。結局、疑惑隠しで国会は空転のまま会期切れとなった。

担当の運輸省の課題は国鉄のローカル（地方）線問題が起きていた。赤字を理由にローカル線の縮小や・削減、分離問題が検討されるようになっていた。ローカル線は国鉄全線（約21000キロ）の半分近い約9000キロあった。79年1月、運輸政策審議会（国鉄地方交通線問題小委員会）は5000キロを第3セクター（国や地方公共団体、民間企業との共同事業体）や民間事業者などに委譲するか、バス路線に転換すべきだ、との答申をまとめた。しかし、ローカル線の赤字は28％（77年）に過ぎず、幹線区の方が赤字の比重が多かった。にもかかわらず、運輸省は新幹線を中心にした都市間輸送とコンテナなど大量定型貨物輸送の経営で、ローカル線の切り捨てと国鉄職員2万人の「合理化」を柱に再建を進めようとした。

6月になると、国鉄が「経営改善計画」で10年間で10万人の削減を発表する予定を運輸省・国鉄筋の話で記事にした。これがスクープになった。2、3日遅れで各紙があと追いをした。それでスクープしていたことがわかった。赤旗は政党機関紙で新聞協会に加盟できず、従って、各省庁の記者クラブに入れてもらえなかった。記者クラブが省庁と話し合って、いつ発表するかを決める解禁日（発表ものを報道する日時）に縛られることはない。解禁日を知っていたら各紙と摩擦を避けるために従うが、知らなかったため結果的に〝先がけ〟報道になってしまった。早いだけの話ではあるが、スクープには違いない。同僚記者が「もっと大きく扱ったらよかった」といい、笑いあった。政府は7月に「国鉄基本構想案」を発表した。

軍事記者の事始め

80年4月に内政班から安保・外交班に担当が変わった。防衛庁と外務省をカバーすることになった。記者2人で担当した。両省庁とも取材するが、片方の記者が外務省をすでに担当していたので、自ずと私が防衛庁（当時は防衛省ではない）を担当することになった。安保・外交班は副部長クラスが担当デスクでいたが、事実上、吉岡吉典政治部長（後の編集局長、参院議員）の直轄班で、吉岡部長が著した『日米安保体制論』や『有事立法とガイドライン』などが献本され、日米安保条約などの学習と吉岡部長が直接レクチュアをしてくれた。吉岡部長は外務省を直接取材したり、省庁の図書館で資料をよく読むなどしており、それにもとづいて指導してくれた。共産党の理論や政策を振り回すようなことはしなかった。取材と豊富なデータにもとづいて語り、いかにも記者出身の発想であった。

吉岡部長の指導のもとで、アメリカの支配のもとで日本の政治、経済、社会が動いており、大きな安保体制の仕組みが具体的にわかるようになってきた。これまでの一国の政治政策の視点から世界の政治がどのように動いているのかの視点からとらえることができた。もちろん、一朝一夕で理解できる訳ではないが、軍事と外交との表裏一体の関係から政治を見ていくとアメリカの戦略をはじめ、日本の政治も見えてくる。基本にある階級社会を理解できたことが大きい。

なぜ、戦後の日本がアメリカに従属しているのかが、実際の政治、経済、社会（文化も含む）の動きを検証すると日米支配層による狙いと目的がわかってくる。私がよく強調する現象面ではなく、本質を見ること。理論だけを理解するのではなく、現実に立脚した動きの中で理解していけば納得できるようになる。すべてアメリカが悪い、という単純な見方に陥いるのではなく、大所高所の視点から分析していく。それは普遍的であり、イデオロギーを越えたジャーナリストとしての視点にしていく必要があった。

後年、吉岡氏は参院議員になってからも、外交・防衛問題を担当されたので、国会秘書から連絡を受けて取材した。議員会館の吉岡室に行くと、さまざまなデータを切り貼りして質問書をつくっていた。質問書ができたら、秘書や私らに説明して、意見を聞いていた。頭の中には日本の政治に関する経験的に蓄積された幾つかの方程式を持っていて、質問する材料をあてはめて、追及する角度を吟味していた。膨大な資料を綿密に分析して生かしていく方法で、手間暇のかかる作業だった。従って、作業をやりながら質問の目的と課題等を反芻して理解していた。横から見ていて作業の手順に興味を持った。

手を振り上げて舌鋒鋭く追及するというより、相手をも包み込むような穏やかさで、いつの間にか吉岡ペースに巻き込んでいた。スケールの大きさを質疑のやりとりにも感じた。吉岡氏から薫陶を受けたのは、人間として学ぶべきこと、吸収していく中身があったからである。明治時代の歴史をどう見るのか、ということで、福沢諭吉、陸奥宗光、小村寿太郎らの「脱亜入欧」「富国強兵」に対し、勝海舟の「アジアの連帯」を説き、日清戦争に反対した歴史も著作を通じて教えてもらった。『坂の上の雲』でいう司馬史観とは対極する歴史観である。09年3月に韓国で急逝された。秘書から亡くなられた翌日に電話連絡で訃報を知った。

安保政策を担当していたことから同じく亡くなられた上田耕一郎副委員長は、上下の垣根もなく、ごく自然にお付き合いできた。最高幹部でありながら偉ぶるところがなくて、懐の深い人間的魅力を持った方であった。赤旗記者であっても、そういう付き合いができたことに恵まれ、本当によかったと思っている。

防衛庁の取材は、他の省庁に比べてガードが固く、敬遠する記者が多かった。違憲の自衛隊と批判している共産党の記者が取材をするのだから、相手も最初から構えてくる。防衛庁は、広報として内局広報があり、担当者は陸、海、空の2佐、3佐クラスの自衛官が窓口になっている。内容に応じてそれぞれの担当に取材するが、窓口は当番制でやっていた。防衛庁には内局以外に陸、海、空の3自衛隊幕僚監部の広報と防衛施設庁もあり、計5カ所の広報があった。3幕の各広報は、具体的な問題で対応してくれる。例えば、陸上自衛隊に関する演習・訓練などの内容には応じてくれる。こちらは階級も高く、1佐クラスが責任者をしている。

内局広報は防衛庁としての広報で、最初に会った陸の3佐は、名刺をながめながら「赤旗が何の用だ」と木で鼻をくくったようにあしらおうとした。「防衛庁を担当することになりました。よろしくお願いします」と挨拶した上で、「これまで運輸省や環境庁を担当しており、取材にはきちんと応じてくれた。防衛庁も国の機関だし、赤旗も300万（日曜版も含めて）の読者を持っており、国民への窓口として応じてほしい」と話した。

すると、

「君らは自衛隊を憲法違反だといっているし、『日の丸』『君が代』にも反対している。そんなところを相手にすることはない」

「主義主張はそれぞれ違ってもよいではないですか。共産党も国会議員に選ばれ、防衛庁も質問に答えている。天下の防衛庁がイデオロギーで差別するのはおかしい。自衛隊に批判的な人にもきちんと広報を行うのが勤めでしょう」と切り返した。その程度の準備はしていた。

陸の広報は黙って見つめていた。こちらも喧嘩をするつもりはないから、しばらく黙っていた。横にいた海や空の広報は黙って見ていた。

「また、あした来ますので、よろしくお願いします」といって引き下がった。帰り際、広報が出版している『防衛アンテナ』をもらった。広報は黙ってうなづいていた。

六本木（桧町）の帰り道、「防衛庁は最初にガツンと食らわせば、嫌がって来なくなる、と思っているな」と考えた。それ以後、毎日1週間ほど、内局広報に通った。ただ、広報で雑談しても仕方ないので、『防衛アンテナ』をよく読み、その日に話す目的を持って面会に行った。陸の担当者に何で自衛隊に入ったのかとか、防衛大で何を専攻していたのかなどついて聞いた。戦車を専門としていた。翌日には戦車を調べて質問した。空の2佐は南西航空団（那覇）でF104Jのパイロットの経歴だったし、海の3佐は哨戒艇に乗船していた。空も海も自分の任務についてはしゃべってくれた。3人はそれぞれ個性があり、少しづつほぐれていった。当初の〝剣もほろろ〟という対応はなく、取材を拒否する対応はしなかった。

4、5日すぎたころに、陸の広報が
「赤旗にも君のような記者がいるのか」
「普通ですよ」
「ふーん」

装備など技術的な問題を書いた時は、「立場は違うけど、間違うと迷惑になるから見てほしい」といって広報担当者に記事を見せたこともある。それには「そうだな。事実関係は問題ないよ」と親切に対応してくれた。「大新聞のように間違っていても偉そうにしないね」といってくれた。

広報では各社の記事をスクラップ帳で記録していた。間違っていても指摘はしないが、記者の評価はきちんとしていることがわかった。こちらも防衛庁に行くのは、日課になっていた。他の省庁と比べて制服組は官僚ではないので、率直に話はできた。防衛庁に行くと、何となく居心地がよいと感じるようになっていた。自衛隊に対する見解はきちんと持っているが、「税金泥棒」とか口汚く罵倒するような硬直した気持ちは持っていなかった。家が貧しくて防衛大に入ったとか、空襲で焼け野が原の光景を見て、平和な国にしたいという思いを語った制服幹部もいた。自衛隊の軍としての組織のあり方や、運用、作戦には関心があったので、いろいろ勉強したいと思っていた。防衛庁に行けば、ただでは帰らず、質問を考えて各広報を回ったり、宣伝物をもらったりした。防衛庁の売店で防衛関係の書籍を買って勉強したりした。

そのころには、広報も発表ものもちゃんと用意しておいてくれた。北海道で行う陸上自衛隊の転地演習（本土の師団が国鉄や輸送船を使って襟裳岬周辺に上陸する演習）でも便宜を図ってくれた。年末の仕事収めには、紙コップで酒を出してくれた。1度、後輩記者を紹介するために広報課を訪ねた際、内局窓口とは別のセクションで関係する資料をもらおうとしたら、若い士官が「赤旗には渡す必要がない」と拒否したことがあった。その時、面識がなかった2佐の上司が「君も共産党の綱領ぐらい読んで勉強しておけよ」と一言いって資料を渡すように指示した。いわれた士官は目をキョトンとさせていた。帰り道、同僚も「自衛隊にも人物がいますね。自衛隊よりもソ連（共産党）と対立しているのは日本共産党だということを知っていますね。ああいう人が高級幹部になっていけば手強いですね」と感想をいっていた。私も相槌を打っていた。

最近、3・11東北大震災の自衛隊による災害出動で、国民の多くは遺体処理やがれき処理、原発の冷却水放水などの活躍に拍手を送った。これまで自衛隊は知事の災害出動要請で長崎・雲仙普賢岳の噴火災害や北海道有珠山の噴火災害、阪神淡路大震災などで災害救助隊として出動している。自衛隊の災害救助をもって組織の存在を賛美している著作もあるが、それは自衛隊の一側面を見ているに過ぎない。

防衛庁の担当時期は、F4ファントムがスクランブル（緊急発進）機の有事即応態勢でミサイルを装備するとか、P3C対潜哨戒機の導入、C130輸送機への切り替え、防衛費のGNP比1％以上問題、今後5年間の主要装備計画である中期業務見積もりなど、防衛問題をめぐる動きが多かった。GNP比1％をめざす軍事費について、将来にわたって大幅かつ増加を保障する「後年度負担」の仕組みを解説した記事に、上田副委員長が「その観点がよい」として国会議員の代表質問に取り入れることを進言した。衆院議員の代表質問としてテレビを通じて全国に流れた。一つの記事の持つ重みをかみしめた。国会での追及もカバーしなければならず、今から思えば一番がん張った時期でもあった。軍事問題は軍の組織と体制、戦力、作戦の発想と戦略、部隊の運用と管理、武器と装備など学ぶべきことが多かった。軍事問題は深いし、柔軟で応用が効かないと通用しないことも分かり、はまっていった。他の記者はほとんど取材していない分野だし、解説を書いたり、雑誌に論文、評論を書いたりしていたので夜中の2時、3時、朝方に帰宅するのはザラだった。

自衛隊の取材でも佐官や将補などの現役制服組にも渡りをつけて取材した。もちろん、相手の身分は秘密裏にし、編集局でも公けにはしなかった。公けにすれば、他の記者が共産党への協力者と見て、見境いなしに取材攻勢をかけるからである。相手は私との信頼関係で協力することで、共産党に協力する立場ではない。独り占めということではないが、ニュースソースを守らないと相手に迷惑がかかる。軍事評論家でも同様である。自分で開拓しない記者は、その辺の苦労が分かっていないから、使う時だけ「紹介してほしい」と安易に頼んでくるが、あとは適当な対処をしがちだ。大事な人ほど紹介はしなかった。

軍事問題といえば、米軍と自衛隊との作戦関係や陸、海、空3自衛隊の装備や部隊の配置を理解しなければならない。自衛隊は実質「軍隊」であり、組織として高度に訓練された武力集団である。国民の信頼を得るためには広報努力はしているが、部隊の移動も含めて積極的に公表することはない。あとでわかるような嘘はつかないが、つごうの悪いものは隠したり一部だけを公表したりはする。本当のこともいわない。日米共同作戦でも、あらゆる可能性を想定して考える作戦と実際に部隊として行動する作戦は違うことが多い。想定の範囲であれば法律を違反したことにはならないが、実際の部隊として行動を伴うことになれば法律の枠が問われることになる。それを政治的に断罪しても軍事的に見れば当たっていないことになる。

かつて、米軍の巡航ミサイル「トマホーク」が社会主義国に向けて使うという論がいわれたことがあった。考えてみればおかしい。武器に社会主義国向けとか、資本主義国向けなんてある訳ない。兵器には色はついていない。使う国がどこにどう打ち込むかという戦術の問題だ。アメリカだから敵は社会主義国だという決めつけに過ぎない。軍事的常識がなく、政治的に決めつける代表例だといえる。小型の精度のよい戦術核をある国の首都に使ったりすれば、戦略核にもなり得る。戦争そのものを最小限に留めて有利に展開できることになるからだ。外交、軍事は先にもいった通り、政策的には表裏一体ではあるが、本来は別々に動いて作用している。軍事は基本的にはその国の防衛と利益のために存在している。艦艇が親善訪問を行う砲艦外交も、艦艇のプレゼンス（存在）も軍事を政治的に活用した外交手段である。軍事的合理主義と軍事的リアリズムを理解するには、資料だけでなく、制服の考えを生で聞いて軍事の意味が分かっていく。

報道記事は、大きくいってニュース、解説、評論がある。一般的に取材する記者がニュースを書き、内容に沿って解説記事を書く。ニュースと解説を分担する場合もある。解説記事は署名入りが多く、ニュースでは触れない背景であったり、客観的に取材記者の考えも反映できる。赤旗の場合は、政策にかかわる解説が多いのは仕方ないが、弱点は取材を十分にせずに政策や資料に合わせて書いている記事が目立つ。政策を理解していたら解説は容易に書けるが、一から取材して書くニュースは相手もあることだから書けない記者が出てくる。簡単にしゃべらない取材相手といえば、防衛庁は最たるものだ。外に出ないし、ニュース取材が苦手という記者は少なからずいる。そういう記者の解説、評論記事は政治的決めつけになりやすい。間違いでなくとも説得力を欠く。政策や資料のみで現実の取材によって消化していないことが原因である。署名記事を書くということで専門記者ぶっているのか、狭い政治主義に気がついていないのかのどちらかだろう。ニュースに強くなる方針が確立しないで形骸化している上、記者教育と指導のなさで有名無実になっているから前述のような笑い話になってしまう。

90式戦車のスクープ

軍事担当をしてから1年ぐらいたった81年3月に、大きなスクープが飛び込んできた。三菱重工業相模原工場の労働者から電話がかかってきた。「3月13日に相模原工場の正門前にきてほしい。88戦車（後の90式戦車）の走行テストがあり、始めて正体を現す。時間は午前8時です」といってきた。それ以上のやりとりはなかった。正門前で待っていると、施設から自力で走行してきた。120ミリ滑腔（かっくう）砲の砲身は装備されていず、特徴のある四角い砲塔があった。4、5人の作業員が点検していた。写真部が証拠写真を撮ると、さっと引きあげた。

見出しは「88戦車、走行テスト〝日米指針〟による規格統一　120ミリ砲、日・米・西独で共通」として写真とともに1面の腹（真ん中）に掲載した。記事は「新戦車は現行の『74戦車』の後継車で88年に制式化される予定。3月末に陸上自衛隊に引き渡し、4月からテストを実施する。価格は74式の1両3億4000万円に比べ、約5億円で560両程度を導入する予定。性能は公表されていないが、関係筋によると、新型の1500馬力

走行テスト中の88式戦車の車体（神奈川県の三菱重工相模原工場）

〝日米指針〟による規格統一へ

88式戦車、走行テスト

120㍉砲、日・米・西独で共通

陸上自衛隊の次期主力戦車となる「88式戦車」の走行試験車両がこのほど完成し、神奈川県相模原市の三菱重工業相模原工場で走行テストをおこないました。今月末には陸上自衛隊に引き渡し、車体と砲塔を組み合わせて四月からテストすることにしています。

この新型戦車は現行の「74式戦車」の後継車で、一九八八年に制式化される予定のもの。価格は「74式」が一両三億四千万円だったのにたいし、約五億円にのぼる見込みといわれます。防衛庁では、「88式」を五百六十両程度購入する予定です。

新型戦車の性能は公表されていませんが、関係筋によると、エンジンは「74式」の八百七十馬力にたいして千五百馬力の新型ディーゼル・エンジン（西独の最新型戦車レオパルド2と同等）。最高速度は約六十㌔、火力も「74式」の一〇五㍉にくらべ、一二〇㍉滑腔砲を使用することになっています。この一二〇㍉砲は米国の次期戦車XM1、レオパルド2とも共通で、「有事」の際アメリカから弾薬補給ができるようにしています。

このほか、戦車でもっとも

90式戦車（当時は88式）の車体をスクープ（三菱重工相模原工場）

のディーゼルエンジンで、西独のレオパルドⅡと同様。速度は約60キロ、火力は従来の105ミリから120ミリの滑腔砲を使用する。120ミリは米国の次期戦車XM1（後のエイブラムス）とも共通で弾薬補給もできる。重要な砲塔の装甲板は、鋼板、硬化セラミック、アルミニウム合金などを組み合わせた複合装甲で、NBC（核、生物、化学）兵器でも耐えうる構造・装備となっている。78年の日米防衛協力の指針（ガイドライン）の決定を受け、有事の際の日米共同作戦を円滑、効果的に適用できる対象にしている」と報じた。

編集局内の中では、紙面批判のコーナーがあり、その日の新聞の該当個所にサインペンで書く。88戦車の記事に「自衛隊を宣伝する記事で、赤旗としてふさわしくない」との意見が1件あった。ところが、軍事雑誌の『丸』の編集部から電話があり、「これは、すごいスクープですね。当社として88戦車の写真を『赤旗提供』のクレジットを入れて掲載させてほしい。その代わり、当社所有の必要な軍事写真を今後提供したい」と申し入れてきた。写真部と相談し、応じることになった。後日、『丸』に転載された。88戦車は90戦車として制式化された。こういう事実は編集局内でも関係した人でないと知らない。

後日、軍事評論家から「あの時の防衛庁、陸幕は大慌てですごかった。どうして、漏れたのかを追跡させたようだ。わからなかったけれども。あれはすごいスクープだった」という話を聞いた。マスコミ界の1歩先んじた報道とは違って政府・防衛庁が相手だから、かれらの対応によって価値が伝わってくる。ニュースソースに伝えたい思いが募ったが、連絡はできなかった。おそらく、紙面を見てくれていると信じた。

中曾根首相の4海峡封鎖スクープ

政治部時代にもう1つ大きなスクープとなったのは、鈴木首相が米側の要請を受けいれた1000カイリシーレーン（航路帯）防衛の延長線で、中曾根首相が米国で述べた日本列島「浮沈空母」構想にもとづいて、中曾根・レーガン首脳会談で述べた「4海峡封鎖」発言の根拠を示したことだった。元海軍主計中尉の経歴を持つ中曾根首相の「浮沈空母」構想は、・ソ連のバックファイア爆撃機を阻止する・潜水艦などの通航を許さぬ4海峡封鎖・周辺数百カイリと1000カイリシーレーン防衛・・・の3点をめざしている。

ところが、4海峡についてはわからなかった。3海峡は北から宗谷、津軽、対馬であることはわかっているが、あと一つがわからなかった。それを私が懇意にしている海上自衛隊の将補に聞いた。海将補は「昨年（82年）の『防衛白書』をよく読め」というヒントを教えてくれたのだ。すると、対馬海峡は西水道と東水道の2つのことを指していた。中曾根首相は、ワシントンポストのインタビューで「ソ連の潜水艦および他の海軍艦艇の通航を許さないよう、日本列島を取り巻く4つの海峡の完全な管制権を持つことだ」と述べていた。

対馬が2つの海峡に分かれていると伝えると、海将補は「首相は海峡の管制ということばを使用している。これは封鎖、阻止という作戦と区別したものであり、対馬については韓国との共同作戦を踏まえたものと見ている」と説明してくれた。これを書き加えて1面トップで報道された。

新聞各紙は翌日夕刊以降の新聞であと追いした。NHKは午後7時のトップニュースで報じた。これは「やった」と素直に喜んだし、赤旗の権威を高めることができたと思った。親しい防衛庁担当の記者から電話があり、「あの記事は米ちゃんだろう。記者クラブでは話題になっているよ」と一緒に喜んでくれた。

中曾根首相は、国内の騒ぎに対し、帰国してから「4海峡といったのは私の考え違いだた」と釈明したが、軍事筋は憲法違反の「集団的自衛権」の行使を前提にしたものにならざるをえないための弁明と受けとめた。「防衛白書」は4海峡を「わが国の地理的特性」

首相の発言は本音

日米韓共同作戦が前提

対馬東西水道「防衛白書」で明記

防衛庁筋は二十二日、中曽根首相が日米首脳会談のさいにのべた「四海峡」封鎖発言について、「（首相が）三海峡をあえて四海峡といったのは、宗谷、津軽のほか、対馬の東西両水道を指す。昨年九月の『防衛白書』でも、初めてその点について図で説明を加えた」とのべ、首相発言が本音をのべたものであることを明らかにしました（図参照）。この結果、首相は先の訪韓、訪米の両首脳会談で、米日韓三国の共同作戦構想の推進を〝密約〟してきたのではないかとの疑惑が深まってきました。

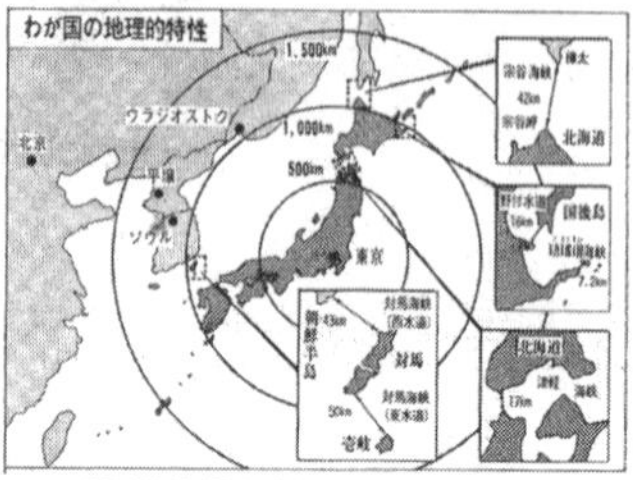

昭和57年版「日本の防衛」（防衛白書）52㌻から

中曽根首相は、訪米時のワシントン・ポスト紙とのインタビューで、「ソ連の潜水艦および他の海軍艦艇の通航を許さないよう、日本列島をとりまく四つの海峡の完全な管制権を持つことだ」とのべるとともに、レーガン大統領との首脳会談でも議題にしたことを明らかにしていました。

海峡封鎖について、防衛庁筋は「昨年九月の防衛白書の『わが国の地理的特性』のなかで、初めて対馬の東西両水道に言及した。道東の珸瑤瑁（ごようまい）は国後（くなしり）島のソ連基地との関係で出したもので、ソ連の潜水艦作戦との関係はない」とのべています。

また、海上自衛隊関係者は「首相は海峡の管制ということばを使用している。これは封鎖、阻止という作戦と区別したものであり、対馬については韓国との共同作戦を踏まえたものとみている」と話しています。

中曽根首相は日本に帰国してから、「四つ（の海峡）といったのは私の考え違いだった」と釈明しましたが、これらの軍事筋は「四海峡」だと憲法違反の「集団的自衛権」の行使を前提にしたものにならざるをえないための弁明だとみています。

昨年五月の米下院外交委員会報告書では、

中曽根首相の日本列島「不沈空母」発言に関するスクープ

として初めて紹介した。その後、韓国は日韓議員連盟合同総会で対馬海峡封鎖の共同作戦を提示していたこともわかった。中曾根首相は「浮沈空母」構想を日本の「防衛構想」として打ち出してきた。やはり、素人ではない。

この4海峡スクープは、「防衛計画の大綱」を上回る大軍拡に警鐘を鳴らす役割を果たせた意味は大きい。しかし、1日でも早く報道した栄冠はマスコミ世界の話で、報道されれば、いつまでも騒ぎたてることではない。スクープそのものは赤旗の読者の中には分かる人もいるかも知れないが、社会的に赤旗のスクープとして認知されることではない。スクープはとった記者が協力者への感謝と日々の努力に対する自分なりの評価として受けとめておけばよいのだろう。

軍事、外交問題は国会の取材では、共産党以外の他党の質問もカバーした。ニュースになる政府の答弁は、他党で出てくる場合も多い。他党の場合は、質問者の顔ぶれで取材するかどうかを判断した。政府を切り込んで質問する議員とそうでない議員は、すぐに分かる。ニュースになる答弁を引き出した議員に対し、質問がすんでから委員会室の外でつかまえて直接取材すれば、だいたいは応じてもらえる。質問と答弁のポイントを確認すれば間違いのないニュースを出せる。これは質問のやりとりだけで書くのではなく、価値判断も含めて裏取りの確認作業でもある。質問議員もニュースの言質を引き出せた評価につながるから、しゃべってくれる。

政府取材の場合は、答弁の中身に引っかけて、改めて課題になっている防衛問題の取材を申し込むことが多い。例えば、昼食時に国会の食堂で防衛庁の防衛局長にインタビューを申し込んで、後日に取材した。女性秘書があとで連絡してくれた。局長クラスは気さくに応じてくれた。当然ながら書いた掲載紙は、きちんと届けた。防衛庁記者クラブに属していないから、こういう努力をする必要がある。立場が違っても正確な記事を書くことは、相手に信頼を得ることにもなる。日本の官僚は能力があるし、よく見ている。よい意味で対峙することは、勉強になった。

1000カイリシーレーン問題を防衛局長や防衛事務次官に取材したこともあった。夏目防衛事務次官に取材を申し込んだ時の話である。防衛庁広報課の海の制服担当者も同席したいというので、「構いません」といってインタビューした。私は1000カイリシーレーン問題に関する「米軍事戦略に組み込まれた『航路帯防衛』ハワイ協議での危険な選択」と題する論文を『赤旗評論版』(82年9月13日)という雑誌に書いていたので取材して基本的考えをただそうとした。すると、夏目次官は、ちゃんと『赤旗評論版』を持参していて、「この通りでいいですよ。よく研究していますね」といったので、こちらの方が驚いた。国会でも鋭い質問をする議員に対し、官僚は徹夜してでも答弁を用意するのを知っていた。私はそういうレベルではないが、共産党の見解としてきちんと調べてあるのに感心した。それは防衛庁で回覧され、主なる局長、課長らの印鑑が押されてあった。日本の官僚組織の優秀さに、また、こういう人たちを相手に取材する手強さを肌身で感じた。

米軍からＶＩＰ待遇

軍事取材は防衛庁、自衛隊だけではなく、在日米軍の取材は欠かせない。米軍の取材の場合は、在日米軍司令部報道部連絡事務所（ＭＬＯ）を通すことが原則である。港区のニューサンノーホテル内に報道部があった。ハワイ育ちの日本人の年配の女性と年配の男性が通訳としておられ、温厚な2人には親しくしてもらった。男性はラフカディオ・ハーン（小泉八雲氏）の孫であったことをあとで知った。在日米軍の報道代表者身分証明書（ＩＤカード）を発行してもらい、横田、横須賀、厚木、座間、佐世保基地などに出入りした。83年3月21日には原子力空母エンタープライズがベトナム戦争後に入港することになり、これに乗艦したいので、報道部を通して申し込んだ。通訳の女性が骨をおってくれ、報道部のボスである海兵隊上級曹長の許可を取って乗艦できることになった。写真部記者と日曜版記者の取材許可もとった。コロンブスの卵ではないが、何でも最初にやるのは貴重な経験になる。

エンタープライズは同日の午前8時すぎに向後岬から巨体を現した。100人近い報道関係者が基地に入り、チェックされたあと、小さなランチから見上げるような空母に乗艦した。上甲板下の格納庫で歓迎式典が催され、各部隊の代表が隊旗を持って整列していた。艦長（大佐）が挨拶した。映画俳優を見ているような雰囲気だった。いざ、エレベーターで上甲板に上がる時、案内担当の士官が赤旗の胸のプレートを見て「ちょっと待て」といい、3人の赤旗記者だけを報道陣と隔離して、記者1人に案内士官が付いた。士官の任務や乗艦年数、カタパルトや航空機についてはすらすらと答えていたが、核の搭載や核戦争については「難しい問題だ」「答える権限がない」とはぐらかす。甲板の戦闘攻撃機のFA14トムキャットは、作戦中は2機がスクランブル態勢につき、4分間で8機が離艦できると説明していた。記事は1面の腹（真ん中）に写真入りで掲載された。「『赤旗』記者、エンプラに乗り込む　実感迫る核積載」との見出し。掲載紙を持って報道部に行き、乗艦の時の報告をしたら、報道部の女性は「米海軍は貴方をＶＩＰ待遇で迎えたんです」といって大笑いした。

以後、普通の報道陣なみに空母ミッドウェイ、原子力空母カールビンソン、イージス巡洋艦バンカーヒル、第７艦隊旗艦ブルーリッジなどにも乗艦できた。こういう体験をするのとしないのでは軍事知識がまったく違ってくる。米軍は自衛隊と違って、不必要に秘密主義みたいなことはしない。見せる、見せないははっきり区別している。イージス艦のコンバットセンターなども見せてくれるし、戦闘機のコックピットも見せてくれる。在日米軍報道部は「女性の裸と神聖な米軍を一緒に掲載する雑誌なんかと違って、『赤旗』は立場は違うがまじめなので、歓迎する」といわれた。

6

関東信越総局と記者教育

〝ぬるま湯〟的発想の一掃

政治部で5年を経て、83年9月に関東信越総局の総局長として異動した。関東信越総局は神奈川、千葉、埼玉の首都圏3県と群馬、栃木、茨城、新潟、長野、山梨の6県の計9県を地域とする広範囲の総局となっている。総局長はデスク待遇で、要するに総局の記者3人と各県記者9人の計12人の運用と記者教育をしていくことになった。特に、県市町村議員選挙は、もっとも大事な任務と位置づけされていた。早い話、そのために地方版（首都圏版と関東甲信越版）をつくっていた。あとは積極的に1面や総合面（2〜4面）、社会面の通称「前の面」に書かせていくことが総局の仕事である。引き継ぎは前総局長の話を聞き、あとは自分なりに運営すればよかった。

日本共産党組織は、東京に中央委員会があり、47都道府県のすべてに県委員会がある。そのもとにいくつかの地区委員会があり、各支部があって構成されている。赤旗は中央委員会に属する赤旗編集局の記者と各県委員会に属する県記者で構成されている。一般の商業新聞（全国紙）は、幾つかの本社と総局、支局、通信部という構成をしている。赤旗は全国紙的な組織規模がないため、各県委員会が人を選んで県記者にしている。人を供出してもらうから毎月の給与（通称、活動費という）は中央委員会持ちである。人事権は県委員会にあり、若い記者から年配の記者までいた。記者に魅力を感じていた人もいたが、県委員会の人事であてがわれた仕事と受けとめている人もいた。県記者に対する県委員会の考えもさまざまだ。将来、県の幹部にしていく教育的考えもある反面、とりあえず必要な部署として、あてがっているのもあった。47都道府県に基本的には1人を配置している。ただ、東京などの大都市は2人が配置されていた。

総局の書棚には各県記者が書いた記事のすべてが県ごとにスクラップ帳でまとめられているので、それを読めばおよその記者能力はわかる。最初は各県の記者がいる県委員会に挨拶に行って、各県の特徴を知り、記者の要望を聞いて回った。各記者もこちらのお手並み拝見ということだろう。山梨、長野を一緒に回り、群馬、新潟を一緒にして効率的に回る。いずれも1泊しないと行けない。とにかく広いし、自治体が多い。自然も豊かで山、川、谷、海がある。温泉も多い。記事作成には困らないが、おそらく災害も多いことだろう。

総局長の仕事は総局記者と県記者を分け隔てなく使うことと働きやすい環境にして、よい仕事をしてもらうことだ。そのため、家庭の問題も含めて何でも要望してほしいと述べた。県委員会の協力と支援も必要だ。県の3役（委員長、副委員長、書記長）にも県の要望を聞き、県記者の役割を説明した。あとは県議会、県庁所在地の市議会を回って挨拶した。

月1回は総局会議を主催して、情勢や連絡すべきことがらを報告し、各県の取材計画を論議した。遠いところから招集する訳だから、会議のための会議にしないよう心がけた。各記者の考えや要望、悩みなども一緒に聞いて、互いにそれぞれの置かれている立場を理解し、共有することが大事だと考えた。総局会議を重ねる中で、何でも総局長の上意下達や指示で決めていくのではなく、みんなが意見を出し合うことで結論が出るようになっていった。1つにまとまれば大きな力が発揮できるし、力のある人が弱い人を引っ張ってくれる。総局記者にも県記者にもリーダーシップを発揮できる人がいて、補佐してくれたので助かった。

毎日、10時ころから各県の記者に電話をかけてメニュー（提稿計画）を聞く。これは総局長の大事な日課である。記者の取材予定を聞き、必要な指示をする。取材の予定がない記者もいる。その場合は地元紙を見てもらって、必要な取材を指示する。総局記者もベテランの域には達していない。入局3年から5年程度だ。それまで非取材部門にいたので、取材記者としての経験は余りない。せいぜい毎日1本書く程度だ。総局記者は前日夜に指示してあるので、神奈川、千葉、埼玉の首都圏3県のいずれかに直行して夕方に帰ってくる。犬も歩けば棒に当たる程度で、駄べっているだけで記事を書いていないのもいる。目的意識がないまま出掛けているようだ。編集局の記者教育のなさも痛感した。記者の責任というより、教育をしていないのが実情だ。

総局全体では県記者はそれなりに書いていたが、総局記者は〝ぬるま湯〟発想だったので、1ヵ月間の提稿本数を調べて総局会議で議論した。県記者も総局記者には遠慮していたが、仕事ぶりは見ていたのだろう。誰に対しても同じ扱いだし、「今度の総局長は違う」と自覚し始めた。総局の雰囲気もピシッと変化してきた。総局記者もきちんと居場所と提稿予定も連絡してきた。

どの記者も本人の自覚でやれば問題はないが、何日も書いてこないと何で引っかかっているのかを聞いて相談に乗り出す。やる気があるのか、ないのか。技術的に書けないのか、悩みや別の理由があるのかも聞いて、きめ細かく援助をしていく。できる限り、尻たたきはしない。自覚を促す。余り元気がない県記者の実情を総局記者に聞く時もある。「かれは以前からやる気がないから、いろいろいってみても仕方ないですよ」とか「県委員会も内心、困っている」と教えてくれる。

「だとすれば、お互いが不幸だね」と私。県記者の人事権はこちらにないし、わずらわしい問題だった。どこの総局もこういう問題は抱えていたが、県委員会の問題なのでそのままにしているのが実情であった。しかし、総局の立場からいえば、このまま放っておく訳にはいかないし、記者に向いていないのなら、本人のために任務を交替してもらった方がよいとの結論を出した。問題がある場合は、私は正面から解決する方法でやってきた。相手の立場は考慮するし本人の意見も聞くが、遠慮したり、避けて通ることはしなかった。

本局の地方部長にも相談し、了解を得て本人と県を説得することにした。記者も一種の技術職なので、努力していたら援助もできるが、そうでないと任務替えをした方がよいと確信していた。能力のない人を切り捨てていくという発想はない。が、向き不向きは現実にはあるので、悶々とした毎日を送るよりも、本人の適材適所を考えた方がよいということだ。本人の意向を尊重するが、最後に決めるのは本人である。

結果的に私の時代には9人中2人が別の任務にしてもらった。もう1人は本人の自己都合で転職していった。県とうまく折り合いがつかず悩んだ上でやめていった人も1人いた。こちらも県委員長と相談したが、よい方向で収斂していくことはできなかった。誠実で力のある記者だったが、結局、家庭状況を優先して辞めていった。いわば、〝人材産業〟なのに惜しいなぁと思わずにはいられなかった。かれとは辞めてからも交流していた。

どの組織も改良・改善については表向きは賛成だが、波風を起こすことを嫌がるし保守的だ。総局長としてこういう人事問題をクリアしていかなければ、高見から分かったようなことをいったり、自分を安全圏に身を置いて主張してみても、誰もついて来ない。結局、切り込み隊長になって〝火中の栗を拾う〟覚悟でやらなければならない。現実の問題はみずから1歩踏み込んで具体的に解決していかないと総局としての役割は果たせない。人を財産として育てていく気持ちを持っているからいえるのだ。

記者が書いた記事は読んでいて取材の深さ、浅さもさることながら、身体の調子までわかる。人間だからスランプに陥る時もあるし、集中できない時もある。よい仕事をするためには総局長としての努力は惜しまない。が、仕事に対する厳しさは譲らなかった。適当にとか、ほどほどでやっていくという〝ぬるま湯〟的発想は一掃していった。いいたいこと、いうべきことをいうのは当然のことだが、やることはやってくれ、という考えに徹した。よい仕事をするためには、仕事に専念できる環境を自らつくっていかなければならない。県機関との関係も改善すべきことも多いが、記者として果たす役割に責任を持ち、記者自身の書いた記事を紙面拡大に活用していけば、機関の人たちも赤旗に対する見方、県記者の役割を理解できるようになっていく。やる以上は、周囲を変えさせ、認めてもらうような記者活動をやっていくしかない。自分に厳しくすることが必要で、甘えていたら妥協の道しか見いだせない。

陣頭指揮

総局にとって大事な県市町村選挙は、公示日前の事前取材と情勢取材、候補者の押し上げと争点は責任をもってやらせた。県の選挙対策本部の意見も参考にはするが、記者自身の目で見て判断することを求めた。本記、雑観（サイド）、情勢記事など選挙は総合的な取材を求められるので、記者能力を高める機会になる。選挙規模に応じては、総局記者も投入して取材させた。総局管内は、前回の選挙で惜敗した選挙が多く、それぞれ力を入れてたたかったので、選挙戦は全体的によい成績であった。県議選や知事選挙は、党の幹部会委員長や副委員長、書記局長などの幹部がきて街頭演説をしたり、大きな演説会が催されたりする。その時は総局総がかりで対応した。

地元の候補者部分は県記者が担当し、党幹部の演説部分は総局記者が担当した。それ以外に演説会全体と聴衆の声を取る記者を別の総局記者が分担した。総局長はできた順に記事を点検し、1本にまとめて送稿させた。党幹部の記事はまず、こちらが点検をしてから党幹部自身に点検してもらう。政治的に大事な発言だから、録音テープでカバーしていく。メイン弁士の演説が終われば、会場はあと片付けに入るので、ロビーの片隅で原稿を仕上げていく。締め切り時間との勝負だ。党幹部が宿泊するホテルまでいって原稿を見せ、手直しをすませて送稿する。演説会が大入りで弁士の演説も熱が入って長くなると、締め切り時間との関係で本局と折衝する。せいぜい20分遅れがリミットで降版ぎりぎりになる。演説時間が予定よりずれ込むと、本局に1報を入れる。本局も提稿先の政治部、整理部に加え、印刷工場、発送との関係で折衝が大変だ。とにかく、その日のメイン記事なので、間に合わせることで一丸となる。

「あと、何分かかるんだ」と催促の電話。

「わかった、わかった。あと5分。電話してきて邪魔するな」と対応する。

「新聞発送が遅れて交通事故が起きたら責任を取れ」といわれたことも何度かあった。

従って、事前の周到な準備と冷静に対応できる日頃の仕事への取り組みが試される。

後には党幹部3役については政治部が番記者をつけて回ったが、私たちの時代は総局が担当した。いっせい地方選挙は全国各地で選挙戦が実施されている。遊説の党幹部も街頭から街頭へと次つぎの予定に沿って動いているので、幹部の車を追跡しながら車中で原稿を書き、車が信号で止まった時に幹部のところまで走って原稿を渡す。幹部が遠方に応援に行くため新幹線の駅に着いた時、直した原稿を受け取ることもあった。綱渡りみたいなことをしていた。

ある国政選挙で、幹部会委員長の後ろに警察のSP（要人護衛警察官）の車がつき、その次にわれわれの取材車がついた。電車の踏み切りでシグナルが鳴り始めたが、先行の車2台が突っ走ったので、「行け！」といってこちらもついて行った。信号待ちした時に、SPが降りてきて、「こちらは殉職になるが、君らは違うから交通ルールを守りなさい」と注意された。こういう取材は幹部、秘書とも一体となって選挙記事をつくっているので、原稿がOKになってホッとした気持ちとともに世の中の動きに呼応する最前線の充実感もあった。

街頭演説や屋内演説会取材で、たまに主催者とトラブルが生じるのは、参加者数の問題だ。赤旗の場合、演説会の聴衆人数は若干多い目で発表することが多い。1000人が1200、1300人に発表することもあるが、1500人以上とか2000人の発表になると、参加していた読者から「嘘だ」「水増しだ」という抗議がくる。余りにも実態とかけ離れていると、新聞の信用問題にもなってくる。従って、主催者の意向は尊重するが、どこで線引きするかは政治的判断になるし、一定の限界はある。編集局の方針でも記者自身が正確に数えてプラスαで発表していた。

よく、メーデーや日比谷野外音楽堂の人数でも主催者と警察発表はかなりの違いがある。報道する側は「主催者発表」ということわり書きを入れている。メーデーあたりになると、1つの労働組合が参加すると、組織人数で参加数を数えるため、欠席した人数も含まれてしまう。だから実数より多くなる。

管内のローカル都市で地元の現職衆院議員を迎えての演説会があった。新人の県記者が取材を担当し、記事と写真を送稿した。小学校の体育館が会場で、聴衆がすわる座布団が用意されていた。椅子席と違うので記者と私が事前に満席として縦と横の座布団数を勘定しておき、演説会が実施されて、一番の聴衆が入っている時点で聴衆数を数え直して原稿にした。

演説会では正味600人余であったが、主催者は1000人だといい、根拠は聴衆に配るパンフレットが1000人分消化していると主張した。こちらは400人も水増ししても意味がないといい、800人余で発表した。そしたら、翌日になってから県委員会から抗議がきた。こちらは複数で何回も数えているので自信はあった。そして、演説の全景写真で人数を数えると、私たちの方が正しかった。新人記者の教育の手前、県委員長に写真を見せて、水増しをしないという話も説明した。1000人もいたら超満員になってしまう。県委員長は「われわれの取り組みに水をさすような総局長は来ないでくれ」というので物別れになった。その経緯については、東京に戻って「経過書」を提出した。

後日、月1回の赤旗記者総会で、編集局長がこの話にふれ、「選挙担当の常任幹部会委員が『赤旗にも骨のある記者がいるなぁ』といっていた」と笑いながら報告し、「あまり、県委員会とは喧嘩しないでほしい」と締めくくった。演説会や街頭宣伝の聴衆の人数の話は、選挙ごとに問題になっていた。いくら、景気よく水増ししても選挙の勝敗には関係ない。新宿駅など主要駅頭の街頭宣伝では水増しの根拠に「通行人も数えればいいんだ」いう人もいるが、主催者の取り組みを評価してやるだけで、逆に楽観論を生むことになりかねない。選挙戦はシビア、シビアに見ていて丁度よい。演説がよかったとか聴衆の反応は悪くないとか、主観的にいいところばかり見て安心の材料にしている。

新人記者教育

県記者が新人に変わると、総局に呼んで、私が作成した1週間の即席記者教育を実施した。県記者の役割と意義、新聞用語集の教育、記事の書き方と写真撮影の教育を行った。東京で総局記者と一緒に実践取材させた。地方取材は、山梨県記者のベテラン記者と一緒に取材させた。通り一遍であるが、身軽に動く、「おやっ」「まぁ」「へぇ」と昔からいわれてきた好奇心、関心を示すといった野次馬根性などの心がけを大切にした。新しいことを聞いて教えてもらうのが新聞記者で、知ったかぶりは一番悪い、と強調した。原稿を書くまえに「仮見出し」をつけさせる。書くべきポイントを抑えて書かせる。記事の書き方は50行記事を短い10行~20行にまとめさせるなど記事のポイントのつかみ方と文章スタイルを取得させる。新聞用語辞典は校閲部から借りたテストで覚えさせた。

実践取材はベテランと同じ取材をして、書いた記事を比較させて取材対象の見方と価値判断の違いを実感させる。写真の撮影も訓練させた。地方取材は、山梨で記事の送稿、写真の現像処理から焼き付け、送稿、県庁、市役所、議会、その他の取材すべき団体をひと通り教えた。こういう取材の実践教育も赤旗の各総局ではやっていなかった。この時の経験を踏まえて、後日、社会部のデスクになってから『取材の心得』を出版して全局の記者教育の参考文献にした。それは後述する。

総局管内は大きな災害や事故も多かった。84年9月には、木曽・御岳山を震源地とする長野県西部地震が発生した。御岳の麓の王滝村を中心に死者29人、負傷者10人、家屋の全壊・流出14戸、半壊73戸、その他、道路の損壊が260カ所にも及ぶ大きな災害となった。この時は社会部、写真部とともに3人で孤立している王滝村に入って取材した。途中、落石で道が2カ所ほど通行できなかった。3人がかりで石を一つづつ動かし、林道を開通させて車を通した。同行した社会部の記者は「内心、『引き返すのかな』と思っていたら、石を取り除いて進むぞ」との指示には、「こういう総局長やデスクはいないなぁ。コンバットのサンダース軍曹みたい」と本局でも話していたという。記者は取材の責任者のやる気、仕事の仕方をよく見ているのだ。1日がかりで取材に行って、引き返すような無駄なことはしたくないので、時間がかかっても石を移動させて孤立している村を見たい、という気持ちしかなかった。社会部デスクになってから、サンダース軍曹が発展して「鬼軍曹」にされた。

翌85年1月には、長野市信更町の国道18号線カーブで、県下志賀高原・竜王スキー場に向かう日本福祉大生46人が乗った貸し切りバスがガードレールを突き破って東京電力笹平ダムに転落し、25人が死亡した事故が起きた。

同年7月には長野市上松の地附（じづき）山で地滑りが発生し、死者26人、家屋の全半壊が71戸の惨事となった。この時は、長野県企業局が地滑りを予兆して鳴り出す「ひずみ計」の警報機のスイッチを切って警報音が鳴らないようにしていた事実をスクープした。共産党市議会議員が調べたのを私が知り、記事にした。各紙は翌日にあと追いした。この事故では社会部記者も別件でスクープしており、地元の協力との強みを発揮した。長野の新人県記者は、現場取材、行政取材を通じて力をつけた。かれはこの取材経験を日航１２３便事故取材に生かすことができた。

日航１２３便墜落事故取材

地附山の地滑り事故が一段落したのが8月10日ごろだった。これから夏休みの計画を考えようとしていた矢先、単独機として史上最大の犠牲者を出した日本航空１２３便墜落事故が起きた。12日午後6時12分、羽田空港を出発した日航１２３便（ボーイング７４７S

R－100型機）は乗客・乗員524人が搭乗し、大阪空港に向かった。
出発から12分後の24分、伊豆稲取港の東約4キロ沖の上空で、トラブルが発生し、約30分の迷走（ダッチロール）を経て18時56分ごろに群馬県多野郡上野村の無名の尾根に激突した。当時の黒沢村長が近くにある御巣鷹山から名をとって「御巣鷹の尾根」と命名した。乗客・乗員520人が死亡。後部座席にいた4人が奇跡的に生存し、救出された。

編集委員会は、地附山の地滑りの実績を見ていたから、日航機事故も社会部デスクではなく、私を現地取材の責任者として総局と社会部、写真部、特捜部の記者の指揮と運用をまかせた。結果的に墜落現場、現地対策本部、遺体安置所の藤岡市、救出された4人が収容された病院等の取材を約1カ月余行った。

私は86年末に社会部デスクに異動し、事故から20年後の05年7月に『御巣鷹の謎を追う日航123便事故20年』（宝島社刊ボイスレコーダー＋CG映像DVD添付）を出版した。6年後の11年7月には、普及版としてDVDを添付しないで文庫本（宝島社刊）として出版した。文庫本は事実関係が変わっていないため加筆・補正をしなかった。事故調査委員会が事故調査報告書を公刊してから、「公式には事故調査は終了している」との見解を示し、航空関係者らの度重なる再調査要請には応じなかったためである。

日航１２３便事故の詳細については、著作『御巣鷹の謎を追う　日航１２３便事故20年』を参考にしていただきたいと思う。

本著書で、日航１２３便事故に触れるのは、事故取材を経験し、はからずも事故の真相を追及する著作を書いた手前、今、どう考えているのかをフリーな立場で書いておきたいと思ったからだ。それに社会にも大きなインパクトを与えたスクープが幾つかあったからである。事故名は知っていても、真相を知らない人たちが増えていることもある。

『御巣鷹の謎を追う』は、現役のジャーナリストの立場から客観的事実にもとづいたドキュメントに徹した。事故調査委員会の事故調査報告書に疑問を持ち、改めて追跡取材した結果、史上最大の航空事故からの教訓を得ずして幕引きにしてしまうのでは、事故調査の目的である再発防止にもつながらないため、再調査するべきだというのが刊行の目的であった。事故以降の私自身の取材はもちろん、航空関係者や専門家、事故の研究者、遺族等の意見や感想を聞き、事故報告書の杜撰さ、矛盾、疑問、意見等をまとめた。それが結果的に20年後になった。自分自身が間もなく定年の時期がきていることと、これまでの123便事故取材で知り得た事実を葬ったまま辞めてしまうと無責任になるので、現役記者の最後の仕事として編集局と社会部の了承を得て刊行した。もちろん著作は個人的なことで本来の赤旗社会部の仕事ではないので、休みやフリー番を利用して書いた。

前置きが長くなったが、「謎を追う」としているのは意味がある。読んでおられない読者を前提に、事故のポイントを振り返っておきたい。

事故から2年後の87年6月、運輸省・航空事故調査委員会（事故調）の「日航123便事故調査報告書（報告書）によると、・過去の大阪空港での尻もち事故で損傷した後部圧力隔壁の修理で、ボーイング社がミスをおかし、金属疲労が発生、亀裂が生じていた・隔壁の亀裂が一気に広がり、客室内の空気が後方に流れる急減圧が発生した・その結果、垂直尾翼が破壊され、油圧系統の喪失によって操縦不能に陥って墜落した・・・と推定した。

これに対し、日航、全日空、日本エアシステム社の機長、副操縦士、航空機関士で構成する日本乗員組合連絡会議（日乗連）は、急減圧に伴うさまざまな物理的現象の存在が不可欠（生存者の証言では客室を空気は流れていない等）であるにもかかわらず、それはまったく証明できていないとして、事故原因は隔壁破壊からではなく、垂直尾翼から始まったと分析している。

運航乗員は、緊急事態に対処しているボイスレコーダー（操縦室音声記録）の意味や同じ音が鳴る警報音であっても、その違いが分かるなど経験的に知っているが、報告書は現役やOBなど運航乗員、整備士などの話を聴取しないばかりか、まったく参考にしていない。このため、報告書が公表された時点からずっと矛盾の多い信用性のない報告書になっていた。

矛盾の多い報告書が出て以降、事故の真相をめぐる動きが大きな転機を迎えたのは、事故から10年後であった。それは95年8月末に米空軍のC１３０輸送機でナビゲーターをしていたマイケル・アントヌッチ元空軍中尉が手記を発表し、事故当日、米軍ヘリが真っ先に墜落現場に到着し、救難活動をしたが、突然の中止命令によって引き上げたという事実が分かった。それを赤旗がいち早く1面で報道した。各紙やテレビはあと追いをした。この救出事実は何故か事故調査委員会の報告書には伏せられていた。C１３０は沖縄・嘉手納基地から東京・横田基地に向かっている際に、日航１２３便の管制塔との交信を聞き、横田司令部の命令で追跡し、墜落現場を20分後に確認した。その後、救援要請を連絡し、米軍ヘリが救難活動を開始していたのだ。アントヌッチはその後、救難連絡をしながら連絡を引き継いだ自衛隊が翌日になるまで現場を確認できず、救出が遅れた事実に愕然として10年間公表しないで、疑問を持ちつづけていた。無念さから退役して後に公表した。

また、4人の生存者が事故調査委員会（事故調）の事情聴取に応じた際の証言記録を入手したことで、事故調のいう隔壁破壊説の原因に矛盾が生じた。生存者の中には日航客室乗務員の落合由美さんがおり、正確な客室の状況を証言した。有名な「ダッチロール」という言葉も、日航が入院中に落合さんに教えたものだった。

その5年後の00年に123便のコックピット・ボイスレコーダー（CVR＝操縦室音声記録）のテープ（コピー）を私が入手し、報道した。大スクープになった。報告書に添付されている操縦室の最終記録書は、入手したテープを聞くと会話の内容が改ざんされ、事故調が主張する隔壁破壊を事故原因に誘導するような解析になっていることがわかった。相模湾上空でトラブルに見舞われた瞬間の会話は隔壁破壊を誘導するような会話になっていたり、ある部分の会話を時間的ずらす、聞き取れる会話を「意味不明」にしたりしていた。ボイスレコーダーの入手は、事故調が音声記録を作為的に作成していた事実が明らかになった。これが日本の事故調査の現実であった。筋書きだけをつくって、つごうのよい事実をあてはめていくのが調査の実態であった。

真相を切り開くボイスレコーダーの提供者は、今日ですらニュースソースの秘匿の関係で、明らかにすることはできない。ただ、提供者は「日航123便事故の真相究明に役立ててほしい」といっただけで、その活用方法については「まかせる」と委ねた。提供者はボイスレコーダーの公表内容を含め、事故調の報告書に疑問を持っていたからこそ、15年間もオリジナルのテープを秘密裏に保存していたことは確かだ。真相に迫る鍵になることも自覚していたと思う。それをコピーし、人を介して私に提供してくれた。このボイスレコーダーを入手したからこそ分かったことで、入手していなかったら永遠に疑問のまま真相に近づくこともなかった。

テープには1カ所だけ瞬間的に途切れていた箇所があった。会話をしている所ではなかったが、これは流出があっても特定できる目印だろうと考えた。テープを再生用のコピーをつくる時に、途切れていた箇所をつないだ。ニュースソースを守るためである。

この約30分のボイスレコーダーにフライトレコーダー（飛行記録）をかぶせて3Dのコ

ンピュターグラフィックでDVDを日航の機長の協力で作成してもらった。羽田から離陸後、12分でトラブルに見舞われ、約30分間、両エンジンの出力を調整しながらの迷走飛行（ダッチロール）に入っていく。操縦室の会話は一度聞いても分からないので、重要個所はDVDでは2度繰り返した。それで見ている人がどう聞こえるのかを検証した。何回かリピートして聞いていると、わかってくる。事故調の隔壁破壊を予想させる「なんか爆発したぞ」は「何か分かったの」「何かあたったぞ」と聞こえるようになってくる。報告書の疑問と捏造が崩れていった。「スコーク77」（緊急信号発信）のあと、航空機関士の「オレンジァ」と聞こえる箇所は、事故調の記録では「オールエンジン…」としているが、私は「オールエンジンクリア」が正しいと思うようになった。日航の元乗員で123便事故を究明していた藤田日出男さんは、急減圧との関係で「ボディギア」と理解しているが、いくら聞いても「ボディギア」とは聞こえない。爆発音に対して副操縦士が「ギア（脚）みてギア」との問いかけに、航空機関士が4発のエンジンに異常がないことを知らせていると考えられる。突発時に、乗員としてエンジンの異常さの有無を確かめるのは当然のことである。「ギアファイブオフ（5本の車輪は収納されている）」という会話で、最初の突発時のやりとりは終わっている。

操縦室は予想以上にバンク（左右の傾き）する機体、機首が上下するフゴイド運動も加わってきて対応に追われた。油圧系統の喪失によって操縦不能のまま御巣鷹までの迷走になっていく。機内では手帳や紙切れに短い遺言を書く乗客が何人かおられた。操縦室では近づく山を見ながら「山にぶつかるぞ」「ライトターン」「マックパワー（最大出力）」「レフトターン」と機長が操縦している副操縦士に矢継ぎ早に指示をする。何処を飛行していることさえ分からなくなって、交信で位置を聞く。管制は「熊谷（埼玉）から25マイルウエスト（西）」と答える。秩父の山間部を飛行していた。この数分後に群馬、長野、埼玉の県境付近の無名の尾根に激突した。DVDの最後の5分は、各種のアラームが鳴り響き、その中で冷静に前後左右に揺れ動く機体の制御や機首あげを必死に行おうとしている。地上衝突警報装置が「PULL　UP（機首を上げよ）」「PULL　UP」のアナウンスの中、機長の「ああ、だめだ」で終わっている。この「ああ、だめだ」の最後のひとことも公式の報告書の記録には入っていない。

著作の作業中に、音声記録を高濱機長夫人の淑子さんに趣旨を説明して聞いていただき、機長の声や会話内容不明部分を確認してもらった。私が入手したボイスレコーダーのコピーは5年前のスクープ後に上野村で手渡していた。確認作業は事故の真相の手助けとして、聞いていただいた。冷静に対応された姿が印象に残った。高濱さんとはずっと交流が続いている。

率直にいって、ボイスレコーダーつきのDVDは見ていてつらいし、しんどくなる。でもこれが現実の操縦室の対応だし、冷徹に見ていただくことが必要だ。そうすれば、この事故の問題点が理解できる。事故の操縦室音声記録は、事故調は不十分ながら少しづつ書き改めて3回にわたって公表している。記録を読んでも3人の乗員は最後まで必死になって操縦していたことはわかる。が、私のスクープのあと、テレビ局もボイスレコーダーのテープコピーを入手し、放映すると遺族をはじめ多くの人が「乗員は最後まで頑張っていたことがわかった」と、賛美し始めた。高濱機長夫人は長い間、「人殺し」と中傷・誹謗され、人を避けて歩いていたのが、まともに歩けるようになったという。放映を通じて生の乗員の声の影響力の強さには「素直に喜んでいいのか」と思ったりした。残念ながらボイスレコーダーの放映は、乗員の名誉回復にはなったが、美談の域だけで操縦室音声記録の意図的改ざんや矛盾には何ら迫らなかった。

『御巣鷹の謎を追う　日航123便事故』

事故調でしか分からなかったこれらのデータを入手して、報告書の問題点を明らかにした。日航、全日空のパイロットや航空機関士、整備士、専門家などの全面的な協力を得て刊行した著作の柱は、・墜落現場をめざして・自衛隊の墜落現場確認はなぜ遅れたのか・米空軍アントヌッチ中尉の証言・ボイスレコーダーの分析・事故原因の真相究明・事故調査委員会のあり方・遺族の思い・・・で構成した。巻頭の写真集の中には未公表の貴重な写真も添付した。

数ある「謎」として著作で世に伝えたかったのは、

日航123便事故の主翼部分（御巣鷹の尾根）

自衛隊の現場確認と生存者の救出の遅れがある。なぜ、優秀な自衛隊がこういう結果を招いたのかという疑問が著作への意欲にもなった。現役時代に防衛庁の担当記者でもあったから、自衛隊の部隊運用についてはよく知っており、軍隊としてあるまじき行為に疑問を持つのは当然のことだった。それに私が現場取材で体験したことであり、その後の追跡取材を含めて私自身が書くしかないからだ。４人の生存者の中には島根・大社町の川上慶子さん（当時13歳）がいた。慶子さんは父親の英治さん（同41）、母親の和子さん（同39）、妹の咲子ちゃん（同7）と一緒に北海道に旅行したあとで事故に遭遇した。英治さんは大社町の共産党議員で、その事実は本局から私たち取材班への電話連絡で知った。

ところが、救出された慶子さんが入院中の国立高崎病院で警察の事情聴取で墜落したあと、「父親と妹も生きていた」という衝撃的な証言をしたのであった。これを同席していた叔母の小田悦子さんが、島根での英治さん、和子さん、咲子ちゃんの通夜の席で話し、取材していた赤旗の島根県記者がスクープした。その翌日には社会部記者が高崎に行って病院に戻っていた小田さんを取材して慶子さんの証言の詳細を伝えた。連日のスクープで慶子さんの取材は加熱し、病院に忍び込んで慶子さんに会おうという記者も出てきた。今でいうメディアスクラムになり、私たちも取材されることになった。

一方、落合由美さんも「墜落直後は『おかぁーさん』『ようし、僕はがん張るぞ』という子どもの声や『早くきて』という女性の声などを聞いた」と証言している。こういう事実は事故調が知っているにもかかわらず、「4名の生存者以外は全員即死と見られる」と報告書で記述している。

米空軍のマイケル・アントヌッチ証言では、米軍の救出ヘリは、落合さんらのいる近くに飛来している。落合さんは「ヘリコプターの音がして、ずっと手を振っていたのですけど」と証言しているだけに、米軍が救出作業を続けていたら、状況は確実に変わっていた。何人助けられたかは分からないが、そのあとの自衛隊の救出にも影響することは間違いなかった。その意味で、自衛隊の現場確認の遅れと救出の遅れが大きな問題になったのは当然のことである。

さらに、アントヌッチ証言で重要なことは、C130輸送機の現場上空の管制のもとで、米軍の救難ヘリや現場位置を確認する自衛隊ヘリ、固定翼機MU2S救難捜索機など墜落直後の状況が分かったことである。位置を確定しながら、その後の防衛庁が発表した墜落現場を計測した位置は、つごう4回も間違った。うち、3回は長野側で、4回目が群馬側になった。が、4回目も外れていた。

最終的には13日の午前5時55分の長野県警ヘリ「やまびこ」が「機体発見。場所は群馬県御巣鷹山南南東斜面。機体は長野側には一切ありません」という発表で事実上、決着した。長野側の各消防団などが捜索して墜落していない、あるいは群馬県境の長野県川上村梓山の村民が山の向こう側で墜落による黒煙が高く上がっている状況を見て、早い段階から「上野村に違いない」と証言しているにもかかわらず、なぜ、能力もあり、優秀な自衛

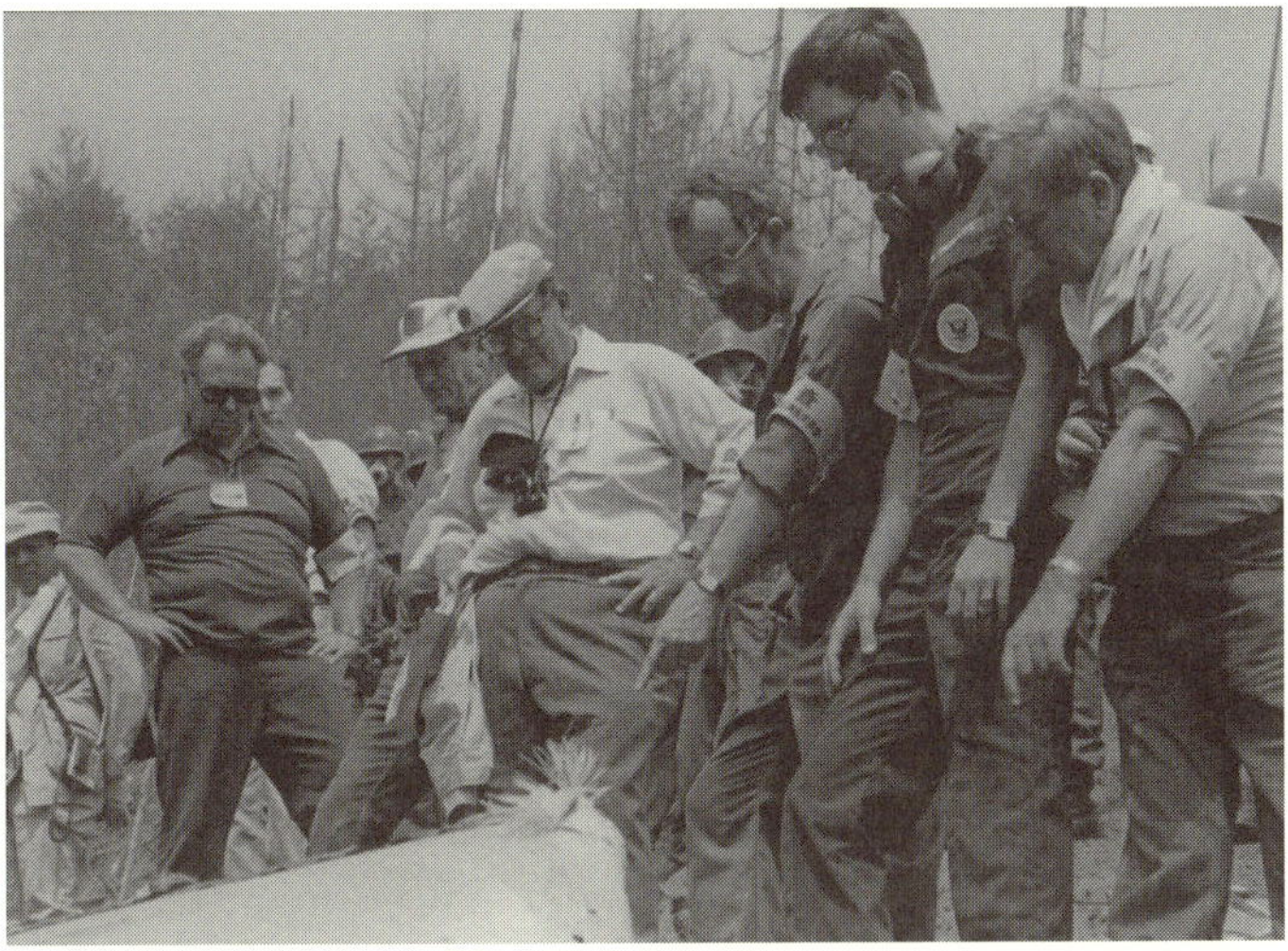

隔壁破壊を誘導することにつながった米側事故調査団（御巣鷹の尾根）

隊が長野側にこだわって翌日の早朝まで捜索隊やマスコミを翻弄させたのか。警察が入手した情報はどう生かされたのか。それらの謎は私の著作で解明している。

事故原因の真相についても「謎を追う」では、事故調査委員会の報告書をベースに日航、全日空のパイロットや整備士、専門家などの原因説を紹介した。米連邦航空局（FAA）、国家運輸安全委員会（NTSB）、ボーイング社などで構成する調査団が来日し、事故から4日目には、ボイスレコーダー、フライトレコーダーの解析もしていない段階で「隔壁破壊」説が出てきた。8月末の段階ではボーイング社は「隔壁破壊の証拠はない」と否定していた。ところが、9月に入ってからニューヨークタイムズが「ボーイング社は隔壁の修理ミスを認めた」と報道し、ボーイング社は米連邦航空局の意見に従ったことが明らかになった。

米側の意図は、世界の航空会社が購入しているベストセラー機を日航機事故1機のためにふいにするわけにはいかない。ボーイング社は大阪空港の尻もち事故後の修理ミスを認めた方が得策であり、「アメリカの国益優先」という政治判断で決着したのだろう。メーカーのボーイング社が認めた原因説を日本の事故調が異議を唱えるのは難しい。原因説が決まれば、つごうのよいデータを集めて報告書ができていったという訳である。

実際、前橋地検の担当検事は、遺族団体の8・12連絡会に対して「ボーイング社が修理ミスを認めた方が簡単だからだ。落ちた飛行機だけの原因ならいいが、他の飛行機まで及ぶ原因となると、全世界の飛行機の売れ行きも悪くなりボーイング社としては打撃を受けるからだ。そこで、いち早く修理ミスということにした」と説明した。私に協力してくれた元日航パイロットの藤田日出男さんは「結局、事故調は日米両国のだれも起訴されないように、わけの分からない『報告書』をつくったのかもしれない」と指摘していた。

「謎を追う」著作の「はじめに」の項で、「率直にいって事故調の報告書は矛盾だらけで誤った推定をしている部分が多すぎる。が、私たちも『これが事故の原因です』『真相』と断定できるだけの材料は持ち合わせていない。だからこそ、その後の調査・分析で明らかになった事実をもとに再調査を求めているのだ」との立場で記述している。また、「事故原因と事故調査について、私たちの調査で何が分かり、何が未だに分からないのか・・そして今後、何が必要なのかを明らかにしたつもりである」としている。一定の限界があることを承知のうえで、客観的事実を提示し、事故の謎、疑問を追及するジャーナリストの立場を堅持した。従って、私自身の事故に対する見方は持っているが、著作では推測によって断定しない、予断を与えてはいけないという姿勢を貫いた。

事故調の報告書も全面的に否定するのではなく、矛盾が多いことを指摘したうえで、1つの見解として紹介している。日航123便事故にかかわる著作として、運航乗員、整備士、専門家が読んでも耐えうる内容にした。そのかれらがプロとして事故原因をどう見ているのかを紹介した。誰もが事故調の限られたデータ公表だけでは、決定的な原因を断定することはできなかった。が、紹介した見解を「まったく当たっていない」と切り捨てることもできないはずだ。どこかに真相があるのだ。

事故原因の真相は

著作では、事故調が推定する急減圧はなく、機内を空気が吹き抜けていない。パイロットらも急減圧の認識はなかった。機体を急降下して急減圧に対応するような操縦もしていないし、酸素マスクの装着もしていなかった。操縦室と客室のドアも開いていない。断熱材などが圧力隔壁に付着している物が少なすぎる。客室内の室温が25度から6秒でマイナス40度まで低下したというが、生存者は「寒かった」という証言はない。事故調の隔壁破壊に伴う急減圧という原因には物理的証拠は極めて乏しい。そういう意味では日乗連の指摘は当たっている。が、急減圧の有無は重要であっても、すべてをそこに帰結するところに無理が生じたと思わざるを得ない。酸素マスクを装填していない、急降下をしていないのも、定期訓練の想定とはかなり違った状況にあったともいえる。

私は著作後も航空関係者や専門家とは意見を交換してきた。細部は別にしても、およそのところで意見は一致している。本著書では、かつて著作を書いた立場から私なりの見方を紹介したいと思う。幾人かの見解をまとめた内容となったが、原因を以下のように考えている。

事故調査報告書を支持する訳ではないが、きっかけは①圧力隔壁の損壊により、垂直尾翼に内圧が加わって垂直尾翼を変形させ、異常な空気圧がかかったことでダイバージェンス（限度を越えた変形が起きる）現象が発生した。もしくは上下いずれかの方向舵が損傷した・方向舵の損傷が原因でＡＰＵ（補助動力装置）が脱落した②垂直尾翼の変形で機体のねじれはＲ５ドアあたりまでおよんだ③油圧系統が損壊し、操縦不能になった④トラブルが発生した時点で１秒間鳴ったアラームは、客室高度警報だといえる⑤その理由は、プレレコーデッド・アナウンスが作動し、客室内に白い霧か煙が一時的に発生した状況になった⑥従って、一定の減圧はあったと見られるが、急減圧はないし、隔壁も報告書が指摘するような大きな損傷は受けていない・・・といったことが瞬時に起きたと見ている。しかし、これも推定の域は出ない。ただ、『謎を追う』著作ではこういう見方を紹介していたのはよかったと思っている。

事故調査で大事なことは、１２３便事故は相模湾上空で発生したトラブルによって垂直尾翼の一部が無くなった。その残骸は今も相模湾に発見されずに沈んでいる。原因究明に一番重要な残骸が放置されたまま、御巣鷹の尾根に激突した隔壁などの残骸で筋書きをつくり、政治判断をしたことである。事故の現場は御巣鷹ではなく、相模湾であることを承知していただきたい。著作では、日本の航空事故調査委員会（11年から法改正して航空・鉄道事故調査委員会）の問題点も海外の調査委員会と比較して考察した。

記者の運用と体制

123便事故の取材体制と記者の運用について、触れておきたい。前述したように私が現場取材責任者として総局の記者2人、長野、山梨、埼玉の県記者3人、社会部1人、写真部2人、特捜部2人が当日の体制であった。車4台で分乗し、車のラジオを聞きながら、とりあえず未定の現地対策本部が設置される方向の長野県佐久地方に向かった。写真部、特捜部は別の車で向かった。NHKのラジオ放送が北相木村か南相木村の御座山（おぐらやま）付近に墜落した模様と報じた。しばらくすると、日航も記者会見で御座山であることを正式に確認したという。北相木村に現地対策本部を設けたというので、とりあえず、3台の取材車が対策本部で合流した。途中、長野の消防団に遭遇したので状況を聞いてみると、「長野側には墜落の形跡はどこにもない」「御座山なら周辺の部落から連絡があるはずだ」といい、「長野側ではなく、群馬側に違いない」と断言していた。

結局、対策本部で自衛隊や警察、消防団の墜落確認情報を待った。取材の人数も少ないので、一発必中でないと勝負できない。夜中に、情報に振り回されてあちこちの山に記者を送り込むと、情報が間違っていたら取り返しがつかない。いずれにしても、朝方にならないと現場取材はできないから、その間に、地元の川上村から応援にかけつけた共産党の新海重信さんと墜落地の推定をした。新海さんは長野、群馬、埼玉の三県境の三国山周辺の地理に詳しかった、私も高校時代から山岳部でかなり山は登っているし、地図も読める。国土地理院の5万分の1の地図も持参してきた。長野県西部地震や地附山の地滑り事故の経験から5万分の1の地図は必携であった。御座山や群馬の小倉山は、麓に部落があり、墜落したら大きな音が発生するし、山火事になるからすぐに分かる。御座山や小倉山は消去法で間違いだと判断した。御座山の南斜面や北斜面という情報が飛び交っていたが、惑わされなくて済んだ。現場の消防団の情報が最も信頼できた。

となると、三国山の北西側あたりが死角になっていると見当をつけた（後で分かったことだが、私たちの推測した地点は実際に墜落現場と400mの誤差しかなかった）。現場は正確に分からなくても、朝になると捜索ヘリやマスコミのヘリが飛ぶので、ヘリの音や墜落による火災の臭いで行き着けるはずだと思った。記者を2人1組にして、長野側から2隊、群馬側から1隊、現地対策本部に2人、私たちの現地取材本部にする前線基地に2人を配置する算段をした。その前に羽田から乗客の家族が長野に向かったという情報があり、社会部記者と写真部の1人の計2人を派遣した。残りの写真部記者は長野側から登らせる。割り振りを各記者に連絡して、午前5時まで仮眠することにした。夜食と2食分の食料は中央高速に入る手前の府中市で仕入れておいた。

長野県警の現場確認の報で、いっせいに北相木村の対策本部をあとにした。3隊に出動を指示し、私は群馬側になる現地対策本部に向かった。私たちの取材する前線本部を設置しないと身動きができない。急いでぶどう峠を越えて、上野村に入った。たまたま、前夜に埼玉県の記者が電話を借りた上野村三俣の民家の堀川喜三郎さん宅で、村役場や宿泊先などを聞いた。お盆の時期で宿泊先はみんないっぱいで、困り果てていたら、堀川さんが「大変な時だから、ざこ寝でもよかったら使ってください」と申し出てくれたので、本当に助かった。

前線本部がないと、事故取材はまったくできない。堀川さん宅には、約1週間滞在し、御巣鷹の尾根に行く弁当のお握りから3食つきで世話になった。息子の守（たかし）さんは、山林労働者で事故当日は猟友会で捜索し、消防団とともに生存者4人の救出をした。私は事故後も堀川さん宅には何度も訪ね、今も交流が続いている。

現地取材も時期とともに御巣鷹の尾根から、藤岡市の遺体安置所、川上慶子さんが入院した高崎国立病院などに変化していった。約1カ月余わたる総局記者と県記者が取材の責任を果たした。スクープも幾つか取れた。生存者が発見され、救出される現場をきちんと押さえることができた。自衛隊の習志野空挺団員に抱えられて救出される川上慶子さんの写真は時事通信を通して各新聞社に配信された。私たちの現場取材は実にうまくいったといえる。

著作でも指摘しているが、うまくいったのはいくつかの要因があった。当初の予想通りに佐久市周辺に墜落していたら、人材投入力、機動力、通信手段の優位性などから夕刊で勝負が決まっていた。が、現場が2転、3転どころか4転もしたうえ、歩いて登るより仕方のない奥深い山中であったこと、通信機器も機能し得ない場所であったことなどが幸いした。要するに互角で勝負できたのだ。１００人近い記者を投入された新聞社もあった。

私たちは少数精鋭なんていえなかったが、お互いの情報や意思疎通を大切にして効率的、合理的に運用できたこと、大事な現場で記者の判断が的確であったこと、事故とのかかわりの深い地元の人たちの協力を得たことなどがあげられる。プロ野球でいえば私は監督兼選手であり、最前線で陣頭指揮をしながら全員野球で行動した。とにかく、やる仕事は探さなくてもいくらでもある。記者にも細かく指示しなくても自主的に判断して動いてくれた。私にとっては123便事故は関信総局の仕事の集大成になった。

日航123便墜落事故の取材経験については、一段落した時期の赤旗記者総会で1時間ほど報告した。聞いていたある総局長が「記者を将棋の駒のように使っているのを聞いて『すごいなぁ』と思った」といってくれた。将棋の駒という表現は別にしても、私たちの総局は、各記者とも自分で判断してめまぐるしく動く現場取材に柔軟でかつ応用力を発揮できるまでになっていた。大事故ほど記者の総合力が問われ、鍛えられるということを痛感した。こういう経験の有る無しは、その後の記者生活に大きなプラスとなって現れてくるに違いない。日航123便の現場取材は、社会部として協力するのは少なかった。ある時、応援に来た社会部記者が部内の懇親会を理由にさっさと引き上げていった。さすがにあきれて、帰局してから社会部デスクに「社会部は社会企画部に名前を変えろ」といったことがある。指摘された社会部デスクも反省を込めて赤旗記者総会で報告した。聞いていた吉岡編集局長は「それはよい」と大笑いしたことがある。後日、「君、社会部に喝を入れてよ」といった。私は事故から1年後の企画や取材を終え、86年12月末に社会部にデスクとして異動した。

3年3ヵ月の関信総局は、記者を育て、運用していくデスクとしての役割と責任を果たしていく最もよい経験となった。私の記者時代のもっとも充実した期間でもあった。私の送別会では総局記者も県記者からも「本当の新聞記者の仕事を教えてもらった」「最強の総局になった」という感想が出された。感激で泣いていた記者もいた。私も各記者が自信を持って活躍することに不安はなかった。説教じみたことはいわずに、〝一期一会〟で知り合ったことに感謝しながら、互いに今後の活躍と検討を誓って別れた。このメンバーは今もつながっている。

小説の1人歩き

今年は123便事故から28年を経過した。事故全体の受けとめや事実が少しづつずれてきていると率直に感じている。私の著作をはじめ、123便事故に関係するさまざまな著作について読者がいろんな感想を持ち、意見を持つことは自由である。

しかし、山崎豊子氏の『沈まぬ太陽』や横山秀夫氏の『クライマーズ・ハイ』の小説は、日航の経営体質や123便事故を一部扱っているだけで所詮、小説の世界の話でしかない。当たり前のことだが、事実も著しく違うし、原因や問題点を解明している内容ではない。両小説を批判する意図はないが、一般の人たちではなく、「空の安全」を強調し、事故にかかわってきた遺族の一部や航空労働者の中にも、時間が経過すると、インパクトの強い小説をノンフィクションのごとく受けとめ、賛美している現実には幻滅を感じる。日本航空が羽田の整備場の一隅に安全啓発センターを設けて、123便の機材の一部や遺族の持ち物を展示している。が、パネル等で123便事故を説明している内容は、誤った事故報告書に添った内容で社内向けの「安全教育」を行っている。事故報告書の推定する原因もその1つの見方に過ぎないという客観的観点にすら立ち得ていない。

航空事故調査委員会は、航空鉄道事故調査委員会になり、今日では運輸安全委員会として航空、鉄道、船舶事故を扱う組織に改編された。最近は「被害者の立場にたって分かりやすく説明を尽くす」姿勢を見せている調査内容は、これまで通りの非科学的な「結論が先にありき」で、つごうのよい事実を取捨選択して報告書にする姿勢は何ら変わっていない。

日航123便事故以後、中華航空やガルーダ・インドネシア航空など外国機の事故は別にして大きな運輸関係の事故は、日航706便事故、JR西日本の学研都市線の事故が起きている。航空と鉄道事故を一緒に論じる訳にはいかないが、国民の安全という大きな観点に立てば、共通する教訓も多い。福島原発まで含めれば、政府・関係省庁、該当する企業の対応を見ていると、安全は口で強調していても、それまで実施してきた政策や方針を棚に上げ、責任を回避と隠蔽に終始している。内心、「事故が起きるまでは安全だ」という姿勢は、何も変わっていない。いいかえれば、123便事故の教訓は、何も生かされていないといってよいだろう。規制緩和による格安航空会社をマスコミが航空運賃の安さだけに注目してキャンペーンを繰り広げる実情に、肌寒さを覚える。

7　社会部デスクと記者教育

デスク兼記者として

ざっと9年ぶりにふたたび社会部に異動した。デスクということで、社会部記者の原稿や地方総局から地方部を経て社会面に提稿された原稿、時事通信の配信による原稿等をチェックして整理部に提稿する任務である。記事の朱字（あかじ）入れ＝句読点、段落のチェック、文章のなおし（再取材、書きなおしも含め）、ミスの発見、仮見出しをつける、価値判断をするのが当番デスクの仕事内容である。1面から4面の総合面、東と西（名古屋以西）の第1社会面、第2社会面に提稿する。デスクが日々の新聞をつくる、といっても過言ではない。料理長みたいなものだ。価値判断によって、トップになったり、ベタ（1段記事）になったりする。

各新聞社は毎日、昼、夜の全局打ち合わせ会議を開いて提稿部からの記事を出し合い、およその面割りを決める。全国から提稿されてきた原稿は記事内容に応じて社会部、政治部など分野別の提稿部に振り分けられ、整理部（編集・割りつけと価値判断）に提稿する。

国会で重要法案が決まったり、大事な国際会議があったり、およその日程が分かっている日もある。そこへ、予想していない大事件、大事故が起きたりしてニュースが飛び込んでくることもある。その時は紙面の計画は大きくさま変わりする。基本的には重要なニュースが優先される。締め切り時間までは、どうなるかは分からないから柔軟に対応できるようにしてある。突発の場合、記事が間に合わなかったら見出しだけが入る場合もある。

紙面には限りがあるから、重要なニュースが飛び込んでくると、急いで掲載しなくてもよい記事は先送りにされる。新聞の利便性、合理性は、紙面を見れば、ニュースの価値が一目瞭然で分かるようになっている。記事の重要性と分野別を兼ね備えた紙面建てでつくられている。1面は総合面、2面以降は内政、経済、外信、特集、文化、家庭、スポーツ、地方版、社会面、テレビ・ラジオ欄といったふうに分けられている。インターネットによるニュースは、速報性がある。が、1つの記事による文字画面のため、利用の関心のある記事内容は分かっても、全体の価値基準が分かりづらい。最近は新聞編集の形になってきて工夫はされてきている。

社会部では、副部長と4、5人のデスクが当番に入り、1カ月のローテーションを組む。中番、遅番（泊まり番）、早番（明け番）で1日の紙面づくりを回していく。このほか、休み番とフリー番がいる。基本的には5勤1休で仕事をこなしていく。日曜、祭日は関係なし。中番は昼前から午後10時頃、遅番は午後4時から翌日の昼過ぎまでの勤務となる。従って、月平均8回から9回の泊まり番がある。この泊まり番が、その日の新聞づくりのメインとなる。最終版の締め切りが済んで、記事として使ったゲラ（棒状に印刷された記事）と提稿していない残ったゲラをより分けて、翌日の引き継ぎの準備をしておく。午前2時半から3時ころになると、最終版の試刷りが輪転機を通してあがってくる。最初の頃は、インクの真新しい匂いを嗅いで紙面を開いていた。その後、その日の泊まり番になっている政治部や整理部、外信部の当番デスクと一献を傾けながら朝方まで語り合ったことも多い。他部のデスクが私に対して「ずっと以前から社会部デスクをやっているみたいで、存在感がある」。打ち合わせの時に編集当番も私の顔を見て、「今日は安心だ」と評していた。突発事故か事件への対応を考えるらしい。

横須賀沖で海上自衛隊の潜水艦「なだしお」が第1富士丸に衝突した事件とその後の海難審判の取材、JR臨時列車と信楽高原鉄道列車の衝突事故、オウム事件などは、社会部の仕事なので、記者と協力しながら取材した。私自身が遅晩デスクになると、不思議と大事故、大事件が起きた。部長からも「君は事件を背負ってきたな」といっていたし、デスクを補佐する遅番記者は「えっ、今日は泊まり番なの？　当たり日か」と冷やかす。だから、こちらも「君も今日は泊まりになるだろうから、仲良くしよう」とやり返す。大事故が起きると、遅番記者はデスクの指示に従って、雑事に追われるので、実質、帰れなくなってしまうことが多い。遅番記者も文句をいいつつ、楽しんでいたが…。

私自身の仕事は、記者の仕事と競合しないようにしながら、自分でしかできない仕事を追及した。米海軍イージス巡洋艦「バンカーヒル」への搭乗取材、自衛隊の「防衛統合デジタル通信網」（ＩＤＤＮ）の整備計画、米空母ミッドウェー元艦長（米海軍作戦本部次長）のユージン・キャロル氏への核兵器搭載インタビューなどを企画して取材をした。

こういうデスク業務は約15年続いた。先輩を見ていてもデスクになると、記事はなおても自分で書けなくなっていく。デスクは陸の上のカッパだ。書くのは取材があるし、なおすことより、はるかにエネルギーを要する。デスク業自体がきついので、おのずと取材から遠ざかっていく。私はもともとじっとしているより動き回るのが好きだったので、遅番と明け番、フリー番（勉強を含めて自由に使える）、休み番を活用した。デスクの強みは記者のような担当分野がないので、経験上、軍事問題と運輸問題（航空、鉄道、船舶）、環境、司法問題に取り組むことができた。

何よりも記者感覚が鈍くならないのが大きかった。自分の趣味、興味で取材することはしなかった。国会や霞が関にもよく通った。政治情勢に対して敏感にならないと、記者としての動きができないからだ。国会議員や国会秘書、国会詰め記者、自分のブレーンと意見を交えることを日課にしていた。羽田の航空関係者にもよく会った。55歳でデスクを健康上の理由もあって辞め、56歳からはフリーな立場で自分の関心のある課題を退職するまで続けた。デスク時代は、その代わり人の倍近く働くことになった。それがよい財産になった。

90年末に、事前取材を怠りなく準備して軍事連載企画を提出した。デスク会議で協議し、部長の決裁を取ると、その間は当番デスクから離れてフリー番が2週間ほど取れる。他のデスクの協力は欠かせない。今から考えたら好きなようにさせてもらった。その代わりといったら語弊があるが、文句をいわせないような記事を書いた。91年から5ヵ年にわたる総額23兆3900億円の次期防衛力整備計画（次期防）の6回連載を掲載した。次期防は「ソ連の脅威」はなくなり、それまでの正面装備を多少減らして「量から質」への転換をめざす内容になっている。空中警戒管制機AWACS導入や通信衛生スーパーバードAのC3I（指揮・統制・通信・情報）能力の向上をめざしていた。連載をすべてスクープもしくは本邦初公表の内容で勝負した。防衛庁は驚愕する内容である。

連載の中では宮崎、鹿児島、熊本の県境の宮崎県・えびの市郊外に整備している海上自衛隊の潜水艦用超長波（ＶＬＦ）送信所の建設状況を取材した。私が入手した資料では１２４億円の予算額で、出力は１０００キロワット。地球上のどこにも届き、海面下10から

潜水艦用超長波送信所のアンテナ下部部分
（宮崎・えびの送信所）

15m程度まで到達できる能力を持っている。当時、存在していた同じVLFの米海軍依佐美（よさみ）送信所（愛知県刈谷市）の4倍もの送信出力だった。波長は違うが、NHKの全国向けの第2放送（中波）は500キロワットだから、えびのの出力の大きさは分かる。エレベーターつきの300mの鉄塔8本が国有林を切り開いて立っていた。

鉄塔の足元には放射状にアースが埋設されていた。8本の鉄塔にはいずれ1500メートルの長さでアンテナ線が張りめぐらせる。目的は作戦中の潜水艦が戦況に応じて与えられる命令が受信できれば潜水艦作戦を飛躍的強化できる。えびののVLF送信所は2回にわたって連載した。2回目は送信所内部に設置されている送信機の写真を掲載した。米国防総省は議会証言で核戦略C3Iシステムの中で電離層が核爆発で破壊されても通信手段として生き残るもので、核戦争戦略の最重要施設と位置づけていることを明らかにしている。

連載後、取材でえびの市の協力者から緊急電話が入ってきた。「大変ですよ。地元は大騒ぎしています。自衛隊は翌日から建設現場を厳重に囲んで、誰も入れないようにしました。地元の記者は、なぜ、赤旗を送信所に入れたんだ、と抗議しています」といってきた。別に、不法侵入した訳ではない。工事中で自由に入ることができた。関心を持っていない記者が「後で気がつく…」で文句をいっているだけだ。後日、軍事評論家が「防衛庁でも驚愕していた。最重要機密だもの」とスクープの大きさを称賛していた。軍事関係の専門家が見れば、垂涎の的になる写真だった。編集局内では軍事問題の機微を話してみても分からないから黙っていた。防衛問題に関心のある国会秘書や軍事専門家から「写真を見たい」という話があったので見せた。「戦前であったら、絶対捕まっているなぁ」と秘書が感想を述べていた。

軍事記事は、硬派記事の代表で難しい部類に入る。軍用機や艦船、戦車といった兵器や装備に関心を持つマニアやオタク的な人は編集局でもいるが、日米軍事同盟や日米共同作戦を政治、軍事の両面から総合的・立体的に見ていかないと正確にみることはできない。防衛庁、外務省の政策や方針、条約、協定、軍事組織と部隊の運用、国会での安保論議など長期にわたって蓄積していないと理解できない。一般の取材と違って書籍や資料を読んだり、対象を取材しても書けない。軍事取材だからといって、基地の周りを徘徊しても記事が書ける訳ではない。政治がらみの非核3原則や核問題はその時の政治的焦点として軍事記者でなくても書けるが、沖縄で抱える諸問題は米戦略と戦術・作戦を理解しつつ、かなりの蓄積がないと書けない。

新聞の軍事記事は、専門雑誌ではないので分かりやすく書いているが、関心のある軍事

沖縄・米軍楚辺通信所
軍事的役割と機能は
国家安全保障局が統括
アジア諸国の動静探る
アンテナの配列は二重
電波一致させビームに

高い鉄柱スクリーンの外側にアンテナと、さらに外側に低いスクリーンとアンテナが見える「象のオリ」

沖縄・楚辺のゾウの檻の機能解説

評論家や平和・基地問題研究家などは読んでいるが、多くの読者が読むというのは、最初から期待していなかった。編集局内の女性記者からは「私なんて飛行機の種類はヘリコプターしか分からない」といってからかわれていた。せいぜい、戦闘機や戦車、イージス艦などの費用に関心をもって、F15戦闘機1機で保育所が幾つ建設できるか、という程度の質問が多い。庶民感覚は大事であるが、実際に国民の目から見て分からないところで、日米共同作戦がどこまで、どのように検討されているのか、有事の際には国民生活がどうなるのか、といったことを、まず記者が正確に理解し、分析しないと軍事記事としては不十分である。政治的決めつけや〝狼少年〟、脅しといった一面的な見方は厳に慎しまなければならない。一方、軍の宣伝に乗っかってしまう危険性もあるなど書き方によっては、〝諸刃の剣〟になる。軍事記事は造詣の深い記事が求められることになるし、何ごとに対しても鋭く分析できるようになっていく。

沖縄の米軍楚辺（そべ）通信所の通称「象の檻（オリ）」の用地問題に絡んで、軍事的役割や機能について書いたことある。その時、社会部の中堅記者が「こういう記事は誰に読ませるために書いているんですか」と批判めいた口調でいったことがある。私は「これは政府、防衛庁のために書いている。楚辺通信所は用地の返還をめぐって裁判で役割、機能に関する鑑定書が出ており、赤旗はきちんと分かっていることを示した。権力側に知らせるような記事も必要だ。多分、防衛庁、防衛施設庁、外務省はこういう記事を回覧させて、ちゃんと読んでいる」と説明した。とりわけ、関係部門には正確で笑われない記事を書くように努力した。

余談だが、こういう話もある。かつて、共産党の幹部が沖縄の海兵隊に配備するＭＶ22オスプレイ垂直離着陸機の能力に関して、フィリピンまで無着陸で飛行できるとか、中東への海外派兵問題に絡んで航空自衛隊のＦ15戦闘機が中東まで飛行できる能力があると話をしていることを聞いた。航空機だから、地球上、どこへでも飛行はできるが、軍用機の能力を航続距離だけでいうのはまったく意味がない。MV22オスプレイにはフル装備の海兵隊を輸送すると航続距離も変わってくる。戦時だとF15も空中給油もしくは途中の米軍基地を経由しなければ中東まで行けないし、場合によっては支援戦闘機と組んでハイ・ローミックスで作戦を遂行しないと撃墜される恐れもある。平和時の旅客機みたいな発想で軍用機の飛行を考えるのは驚きを越えてお笑い草である。政治論と軍事論をごちゃまぜにしている机上の理論家の陳腐な軍事論の話が結構通用しているのが恐ろしい。

「取材の心得」作成

デスクになって2年ほどになり、丁度、赤旗の歴史が60年になるので、先輩の気概や仕事ぶり、ベテラン記者の経験を財産として引き継いでいきたい、という思いがしていた。校閲部や非取材部門から異動してきた新人記者も数人いたし、社会部記者のレベルをあげなければならない気持ちが強かった。デスク会議で提案し、「取材の基本」的なハンドブックみたいなものをつくることにした。編集局にいた非取材部門の女性らをモニターになって協力してもらった。私がつくり、できた段階で各デスクの意見を聞いて製本する運びとなった。

この時期は、朝日新聞阪神支局襲撃事件や中国での修学旅行列車事故、九州沖の潜水艦衝突事故、目黒で中学2年生が金属バットで両親と祖母殺害事件などが起きていた。丁度、ワープロが普及した時期だったので、購入したワープロの練習にもなった。編集局の先輩らが作った記事の書き方やインタビューの仕方など集め、日本新聞協会の『新聞編集の基準』も参考にして、実践的な内容をめざした。約1年がかりで作成した。全編集局を対象に書いたが、とりあえず社会部用に書いてほしい、他部の記者で希望があるなら全局に配付してもよい、ということになった。タイトルは『取材の心得』とした。

「取材の基本」として、・記者活動の基本事項（事実の重視、正確さの追求、迅速さ、見る・聞く・書く・読む・考える、疑わしくは書くな、複眼思考、締め切り厳守、所在を明らかに、ニュースソースの秘匿）・原稿の書き方（第1報、本記、雑観（サイド）、地方版への書き分け、予定稿作成、仮見出し、メモの取り方）・電話取材・インタビュー・顔写真集め・火事・自動車事故・鉄道事故・山の遭難・海難事故・航空機事故・炭鉱事故・爆発・爆破・群衆事故・地震・風水害・雪害・前線本部構築・殺人・強盗・誘拐・自殺・中毒・死亡記事・企業犯罪・政治腐敗・刑事裁判・民事裁判・裁判用語・報道と人権・写真の基本と写真説明・コラムとルポ・・・などとした。

88年に作成しているから、今から読み返して見るとやはり一時代前の内容となる。まず、携帯電話がない時代である。ワープロが普及をしはじめてきたが、パソコンはまだ数年先の話である。写真も当然フィルムによる黒白写真である。殺人だって、まだ親殺し、子殺しも珍しい時期であった。25年ほど前のことである。世の中は急激に動いていると痛感するが、ここに書いた取材の基本は、人間の営みがある以上、そう変わってはいない。一番変化したのは、通信手段であった。

まえがきには、「一般に事件、事故ものに強くなることは、ニュースに強くなることに通じている。そこには記者の原点がある。ここに書いてある内容は、いわば当然のことがらに過ぎない。記述内容はそれなりに理解できても身についたといえるようになるには15年前後はかかる。大事件、大事故の報に接し、即行動に移すのはできそうでできないし、修羅場で冷静に判断して立ち回るのは、さらに難しい」と書いている。どうしても「HOW TO」という捉え方になってしまいがちだ。技に流れるだけでは限界があるのだ。

マニュアルは所詮、マニュアルにすぎない。書かれていることを忠実にやることより、自分の頭で考えて応用ができないようでは1人前とはいえない。1人前とは、当たり前のことが当たり前にできる、ということだ。至極当然にできるというのは、身体で覚えているということだ。自分のことは自分でやるという心構えがないと人に責任を転嫁しがちである。当たり前のこととは、心構えであり、自覚であり、責任感でもある。相撲でいう心・技・体といったらわかるであろうか。総合的な能力でもある。ものごとは順調に行く方が珍しい。予測できないことが起こり、失敗もする。失敗すれば、何故、うまくいかなかったのか、客観的に総括する。簡単に反省を口にする者は信用しない。その場しのぎで反省しても、同じ失敗を繰り返す。そういう者にはそれ以上の注意はしない。あとは本人が恥をかくなり、ミスをして責任をとればよい。成長するかしないかの分岐点にもなる。

突発事件、事故は別にして、取材の目的に応じて事前準備を時間の許す範囲でやっておくことである。取材対象によって対応は千差万別であるが、およそ7割ぐらいの準備をしておけばよい。3割は未知数だ。あとは応用になるし、それが次のステップにつながっていく。完璧主義をめざしたり、あらかじめ想定した枠を決めてしまうと、予測通りにいかない場合にかえって手足を縛って固定化してしまう。柔軟で臨機応変に対応する能力こそ求められている。

政治部時代の軍事取材の項で、取材が不十分でも政策関係の解説記事は書ける問題にふれたが、社会部でも似たようなことがある。いわゆる調査報道である。本来、しかるべき取材をした上で、資料を丹念にあたって裏付けを行い、分析を深めて真相に迫っていくのだが、ややもすれば、目標の本丸に十分な取材ができず資料頼りになっているケースもある。金権腐敗報道も調査報道の代表であるが、現実に起きている事象の取材と合わせる必要がある。取材発想が逆転し、書くべき結論がわかっているだけに、わずらわしい取材を軽視することに陥りがちになり、ミスも生みやすい。とくに、正しく、深い分析が重要である。

答えばかり求める傾向

最近は、よくマニュアルがないとできない、上司の指示がないと動けないという人が増えてきている。上司の指示には忠実でも、いわれたことしかやってこない。注意すると、「いわれてないからしなかった」と平気でいう。仕事のことよりもうまく立ち回るとか、上司との軋轢を避ける自己の立場を優先してしまう。そのわりに答えばかりを求めて、そこに行く道、プロセスを重視しないためである。依存性の傾向も高い。

「自分で考えろ」というと、黙っているか、「考えはあるが、上司にいわれなかった」というのもいる。仕事は上司との関係でやっている訳ではない。上司は指示しているだけで、やり方のポイントを教えているにすぎない。それを上司の指示を絶対としているのは、やれなかった、やらなかったことの合理化にすぎない。根本的には、社会に通用できていないことだ。

うまくいくことばかり考える人も多い。こうしたらうまくできるとか、書けるとか、一定の努力はするが、片面だけ見る発想にはおのずと限界がある。甘さがあるから必ず、失敗の側面がついて回る。即断即決あるいは計画通りなんて最初から考えない。うまくいかなくて当たり前だ。ミスしたり、失敗して、うまくいくことを考える。かつて南海ホークスのブレイザー監督の〝シンキングベースボール〟という言葉も流行ったが、スポーツ選手も頭をつかわないと体力と技だけでは1流にはなれない。体調管理も大事な要素である。考えることで失敗や努力の過程を総括し、教訓にしていくということだろう。〝失敗は成功の母〟というのは真理でもある。

どんな仕事でも挑戦することが必要だ。できる者は何をやらしてもできる。逆に、できない者ほど自分のやりたい分野にしがみつく。私にとっては「知らなかった」という言葉は禁句だった。知らなかったら自分で勉強したり、人に教えてもらって知ればよい。恥ずかしいことではない。一知半解は自分自身だけでなく、相手も見抜いている。なんでも経験をして裾野の広いオールラウンドプレイヤーになるのが理想だと思う。富士山のように裾野が広くて大きければ高くなることができる。広く深い体験をすれば、発想が違ってくる。できる人間は必ず見どころがあるし、キラリと輝くところがある。

上司の側の問題もある。「上がこのようにいっているから」とか役職だけで人を動かそうとする上司、部下の評価を気にして適当で必要なアドバイスをしない〝八方美人〟的上司もいる。抽象論、一般論の範囲で指示するなら、しない方がよい。相手を見て具体的に指示する必要があればすればよいし、任せておけばよい記者には任せた方がよい。できるだけ自分で考え1人立ちさせていく。べったりと記者について、デスクの思う通りに書かせるのはかえってよくない。個性や成長の芽を摘んでしまうからだ。デスクの側がいわれたことしかやらない記者をつくってしまう。熱心なデスクではなく、デスクの立場でやらせているだけのことだ。記者を鍛錬できないデスクは〝なまくら刀〟ばかりつくってしまう。記者はデスクにとって鏡となる。

こんなこともあった。あるデスクに対して「あんな原稿でよく通すなぁ」と記者自身がいうのである。よく聞くと、「不十分な取材しかしていないのに簡単に通すから、次からあのデスクには提稿しない」というのだ。記者が書いている記事内容をデスクが分かっていないと判断しているのだ。経験的に、簡単に通すデスクとよく原稿を見て不十分な個所を指摘するデスクがいるとすれば、多くの記者は指摘するデスクを選ぶだろう。当然のことだ。デスクは記者以上に努力しなければならない。デスクは記者を運用し、記事の手直しも行う新聞つくりの要の任務だけに、デスクとしての能力は記者以上に厳しく査定しなければならない。記者時代にどういう経験をしてきたのか、を含めてデスク教育が必要である。年功序列でやるのは下の策である。記者にとっては、能力を開発してくれるデスクの指導があるかないかで決定的な差になっていく。記者教育と人事政策については後述したい。

災害取材の教訓

91年6月になると、雲仙普賢岳の噴火が頻発してきた。90年11月中旬から噴火が始まり、月日を追って活発になってきた。住民の避難が始まり、農業被害が出てきた。西部総局にまかせておく状況でなくなってきたので、社会部から現地デスクを派遣し、総局記者と長崎県記者、社会部記者、写真部記者で体制を組んだ。社会部長が私を派遣して陣頭指揮を求めたが、デスクの中で行きたいという希望があったので、そのデスクが1番手で行った。デスクは約2週間で順繰りに交代していくことになった。

6月3日に大火砕流が起き、消防団員、タクシー労働者、火山学者、警察官、報道関係者合わせて43人（報道関係者は16人）が犠牲となった。赤旗も同じ場所にいたが、昼飯を食べに行くため、現場を離れたことが幸いした。本局でも「君が1番手に行っていたら死んでたよ。無理するな」と念押しをされ、2番手で出発した。デスクの引き継ぎは簡単に終わり、1番手は早々に帰っていった。行った日から島原市内に初めて火山灰が降り、車のワイパーはギリギリと音をたてていたし、車を乗り降りすると一緒に細かい火山灰が入ってくる。空は真っ黒になり、蚊香り線香の細かな灰が大量に降ってくる感じだ。街中は霧のようになって見通しも悪い。初めての経験なので「すごい洗礼だね」というと、「普賢岳が歓迎しているんですよ」と長崎県記者がいった。火山灰は雨が降ると、固まるので、道路は車の轍（わだち）ができ、かちかちのでこぼこになる。乾いたら砂ぼこりになるから始末に悪い。火山灰はガラスを細かくしたようなものなので、ワイパーを使用したり、ボディを拭くと傷がつく。長崎空港で借りたレンタカーも何台か使い物にならない状況になった。

よく覚えていないが島原には、つごう半年余りで6、7回通った。カメラのレンズのヘリコイド（レンズが回る部分）に灰が入って使用できなくなった記者も出るし、カメラそのものも壊れたのもあった。機械シャッターカメラはよいが、デジタルのような精密カメラは弱かった。写真部記者は「ここはニコンF4ではなく、ニコンFの世界ですね」といっていた。最初、使用していた民宿も普賢岳の活発化で危なくなり、前線本部も後方につごう4回引っ越した。

6月12日夕方には、雷とともに地震が起き、軽石状の噴石が落ちてきた。民宿の屋根がかなり噴石が当たる音をたてていた。記者が「恐い」といって外に出ないので、私と写真部記者がヘルメットをかぶって島原市内北部を車で回った。恐いという感じはなく、それ以上に「どうなっているのかな」という興味があった。あちこちに噴石が落ちており、私の手のひらにのせて写真を撮り、1面に掲載した。庭に停めた車のリアガラスも10センチぐらいの噴石の穴があいて割れていた。対策本部は市民に外へ出ないように呼びかけ、火砕流と土石流の警戒地区を指定した。夜は溶岩の流れ筋が分かるのでよく観察した。火砕流の流れは少しづつ移動していった。私たちが前日取材した場所は、翌日には火砕流で入れなくなっていった。山に近い取材場所では、いきなり噴火すると逃げられなくなるので、取材車はエンジンを止めず、必ず逃げる方向に向けて停車させていた。

水無川は火砕流、土石流の危険のため、島原市と深江町は国道遮断で行けない。島原半島をぐるっと回って雲仙を経由して深江方面の取材に行く毎日だった。

取材の根拠地となる前線本部は、農家の離れの和室を借りた。壁に必ず模造紙で1ヵ月分の日付入り予定表をつくり、大きな市内地図と連絡先電話一覧表を張る。作業する長机の上には洗濯ロープを平行に2本備えつけ、プラスティック洗濯挟みを通して、写真や原稿、資料を吊るした。記事を書く記者は入れ替わり立ち替わり机を利用するだけだから、乱雑になる。未提稿の原稿や資料が行方不明にしないための措置でもある。臨時電話も2本は引いた。1本は連絡用、もう1本は原稿送稿用とした。テレビは家主さんと交渉して備えつけてもらった。写真部は洗面所や浴室、押し入れを利用して臨時の暗室を作った。前線本部の締まった雰囲気が出てくるので取材団として結束できる効果がある。記者も自由な雰囲気で仕事ができるから、本局のように何となく周囲の顔色を伺うようなことしない。

前線本部は、日航123便事故の際の経験である。その後も阪神・淡路大震災、北海道・有珠山の噴火の時にも前線本部をつくった。記者から「有事の人」といわれるのは悪い気はしない。前線本部の設定は総務的で実務の仕事ではあるが、赤旗みたいな小人数の体制では、デスクの責任者がやらなければならない。しかし、デスクでも経験がないと記事を書く机をそろえるだけである。前線本部は戦国時代にいう出城である。指揮者の能力が勝敗を決める。つまり、不自由なことが前提だから、記者が力を発揮できる後方支援基地を構築する必要が出てくる。安全を優先にして合理的、効率的に動ける組織にすることだ。長期戦だけに、デスクの指揮不足と意思疎通の不十分さが出てくるような事態が生じれば、バラバラとなり不満や批判、ミスが出てくる。前線基地の位置づけが分かっているかどうかだ。

前線本部の設定も、それこそ当たり前の話で、必要だから知恵をだしてやっているだけだ。あとから考えたらどうってことはない。が、実務に強くなるのも記者として大事な能力であり、要素だ。デスクも記者も現場では総合的な能力が問われる。平時にえらそうなことをいっていても、こういう修羅場ではすぐに馬脚が現れる。

95年1月の阪神・淡路大震災の時も、社会部デスクが前線取材を取り仕切ることになった。関西総局長は事故・事件取材の経験が皆無だったからだ。当日には、社会部記者2人を派遣した。大阪までは新幹線で行けたが、そこから先の阪神方面は不通で足止めをくっていた。先発組は大阪でのんびり泊まって、長田区の火事の模様をテレビで見ていたのだろう。タクシーを使ってでも行けるところまで行くという発想がない。先発組は阪神の地理にも暗い。先発組には「殿様取材をしているのか」と厳重に注意した。うち1人は資料取材が〝得意〟で、現場より大学の専門家に地震の話を聞くなどしていた。そういう記者は3番手、4番手でよい。がむしゃらに前線まで行く記者が先発記者の任務だ。記者をよく見ていない部長、副部長の人選が間違っていた。事件、事故取材は待っていてネタが飛び込んでくることはない。切り込み隊長の如く、動き回って状況をできるだけ集めることが必要だ。結果的に2番手に出発した記者の方が神戸の震災現場に先についていて取材していた。かれが先発記者に文句をいったのは当然のことだ。

私は翌日早く大阪に行き、阪神電鉄で甲子園まで行き、共産党の地元事務所までたどり着いた。まず、前線本部を構築し、記者の運用にあたる。共産党事務所も壁に床が歪み、壁にひびが入って危険なので、甲子園球児の利用する旅館を前線基地にした。後続の応援記者が増えても問題なしだった。東京から取材車1台とタクシー、バイクを使って取材した。はじめは、甲子園から三宮まで何回か歩いた記者もいた。途中から西宮の今津から三宮まで連絡船が通じたが、阪神地区と神戸・元町地区の2ヵ所に取材事務所を設置するしかなかった。私は大阪が出身地だから阪神の地理はよく分かる。島原・普賢岳の噴火取材と同じく2週間交代でデスクのローテーションを組み、つごう4回ぐらい通った。この取材で車両電話に次いでショルダー型の携帯電話が登場した。少し、重たかったが、便利で普及すると思った。

心に響かぬ現場取材

西宮では被災民が体育館の避難所で生活を送っていた。現場取材は現場に行くだけでは不十分である。人に会って被害の実態や実相を聞くことが取材と思っているから、通り一遍の取材しかできない。体育館の被災民を取材しても、ひと通りの話は聞いてくる。最初はそれで十分記事は書ける。が、そんな記事を繰り返し読まされたらもの足りなさが出てくる。日時と場所と人が違うだけだ。女性記者のつまらぬ内容に、「遊びに来てるんじゃない。同じようなことばかり書くな。今日は避難所で1晩泊まって、じっくり取材してこい。寝むれなかったら、それを書けばよい。被災民と膝を突き合わせていたら、深い話もしてくれる」といって追い出した。本来ならデスクの指示ではなく、記者自身の発想で記事を書いてもらいたいのだ。記者自身が体験すれば書ける・・・冷えて眠れなかったり、寒さに震えて毛布を体に巻く。電灯の明るさはどうか。夜中にトイレに行くにはどうしたか。小さな子どもはどうしているのか、そういう非日常的な生活を書け、隣との境の段ボールはどうか、震災時はどうしていたのかなど、いっぱい材料があるはずだ。聞くんじゃない、教えてもらうのだ。

最近では、3・11のテレビ報道には笑ってしまった。テレビ局の女性キャスターがヘルメットをかぶり、胸あたりまでのゴム長をはいて、膝まで浸水している場所で中継していた。話している中身は東京のスタジオにいても同じだ。恰好だけをして現場にいるだけの話。別の局の女性キャスターたちも、花巻空港あたりまで航空機に乗って、あとは車で現場に入って中継する。キャスターにも現場を一目見せておくと理解が深まるとの思いは理解できるが、自分自身で取材しているよりもスタッフが集めた資料で話すから間違ったことはいってなくても心に伝わってこない。震災直後ではなしに時間もたっているから「そんなことはもう分かっているよ。現場に行っているんだからキャスター自身の生きた言葉で中継しろ」とテレビに向かって怒っていた。

実際、日頃から取材らしい取材をしておらず、せいぜいインタビューぐらいの経験しかしていないから現場で気のきいたリポートができない。当たり前のことだ。阪神・淡路大震災でも同様だった。よどみなく話すことよりたどたどしくても、キャスターの新鮮な感覚の方が琴線に触れる。現場は真剣勝負の世界だ。安易な報道番組にしてしまっていることは間違いない。テレビ局の名前や大新聞の名前で取材をしているのだろう。もちろん、局の指示を聞いて仕事をしているキャスターの責任を問いただしている訳ではない。現場取材の意味が局自身が安易で、現場の映像を流すだけで解説風の番組を作っているからだ。〝やらせ〟の範囲の安易な現場主義のつくり方の反映だろう。

3・11の避難所の問題を見ても、一向に改善されていない。避難所問題は、雲仙普賢岳の時に島原市、深江町ともに当初の体育館の生活が限界になり、仮設住宅が建てられた。プレハブ建築は阪神・淡路、3・11を見ても同じである。避難民の話を聞いても、避難生活は体育館で1週間か10日ぐらいが限界だ。段ボールで隣り同士を仕切っても、夜、寝る時の証明の明るさ、子どもの泣き声や走ったりするので騒音も含めて落ちつかない。寝不足とストレスが溜まる。その時は、仮設住宅なら天国だと思う。プライバシーは生活の基本になっているから、気を遣うのが誰しも一番大変だ。

遅まきながら仮設住宅ができると、抽選して順に入居していく。しかし、1週間もたてば、隣りの物音が筒抜けだし、プレハブだから冬は寒くて冷えるし、夏は暑い。3カ月がせいぜいで、公営の集合住宅に移ったり、我が家が恋しくなる。島原の時もイタリアなどの仮設住宅の違いを報道したが、日本の仮設住宅の貧弱さはほとんど改善されていない。

素人的な発想だが、災害列島の日本だから体育館や避難所になる施設は、床がフローリングが大半だから、あらかじめ避難所と指定されている施設は畳（柔道用でもよい）を用意しておくとよい。底冷えは防止できる。キャンプ用の断熱用マットを用意する方法もある。両方が備えられていたら随分違う。少なくとも段ボールを敷いたりするより段違いに改善される。日頃から計画的に準備しておけば、そんなに予算に影響することもない。通常は畳は片づけておき、できれば3日分ぐらい飲料水や非常用食糧を備蓄して置くとよいだろう。出来るところからやればよい。非常時に完璧な机上の計画は役に立たない。

災害があったらアナログの世界に逆戻りだ。携帯電話は非常用回線が優先されるので、ほとんどつながらない。

避難訓練で馬鹿らしさを感じたことがある。3・11後の横浜駅前の地下街避難訓練をテレビで報道していた。津波が来る被害を想定しての訓練であったが、津波が来るのは地震があったからである。そうなれば、地下街は停電して真っ黒になるか、自家発電で非常灯がついているかどうかは知らないが、かなり暗くなる。が、実際の避難訓練は光々と蛍光灯が照らす日常の地下街をリーダーが旗を持って地下街で働く人たちを出口まで引率していた。こんな避難訓練を何回繰り返しても役には立たない。停電にするとか、薄暗くして訓練を行わないと、緊張感も問題点も分からない。現実に近い想定をしないと訓練の意味がない。リーダーは懐中電灯も持っていない。暗いと、出口も分からなくなる。パニックの中で、どう誘導するのかを真剣に考えてやってほしい。電源が確保している非常用呼び出しで地下街から退避を誘導する緊急放送をする方がよい。地震だけなら地下街は安全だ。津波が来たら、逃げられない。

雲仙普賢岳の災害取材から1年後の92年5月末から6月中旬にかけて、ブラジルのリオ・デ・ジャネイロでの「環境と開発に関する国連会議」（地球サミット）に特派員として取材した。アメリカとメキシコの両特派員ともリオで合流して3人体制で取材団を構成した。150カ国以上の首脳が出席する国連会議（UNCED）と平行して開くNGO（非政府組織）による92グローバル・フォーラムの2本立て会議と催しを取材した。

環境問題は、駆け出しのころに大阪の西淀川公害訴訟、伊丹空港騒音訴訟などの取材をしており、水俣病の現地調査などに参加していた経緯もあったので急きょ、特派員としてブラジルにいくことになった。アマゾン河流域の地域で砂金を取る労働者に水俣病に似た水銀中毒の症状があり、水俣病被害者原告・弁護団ツアーの一員として参加した。同じグループには共同通信と西日本新聞、熊本日々新聞の記者も一緒だった。

アマゾン河の支流になるタパジョス川上流の砂金採掘場に行き、金精錬に使う無機水銀を川に流し、その川の魚を食べている住民らの間に、水俣病と似た水銀中毒の症状が出ていた。当時、書いた記事を読むと、住民は水俣病の知識はまったくなく、不安な毎日を送っていた。水俣から参加した医師とブラジルの医師が協力しながら診察した。多数の住民が集まり、日本人の医師が通訳つきで「手足が震えたり、痛さを感じなくなるなどの症状、飼っている犬や猫に変化があるかなど注意して見てほしい」と話し、ことがあるとブラジルの医師に連絡してほしいと教えていた。診察針で患者の体を刺して、痛みの有無を確かめたり、手さぐりの状況で診察していた。

一方、金を採掘している日系の経営者は「ここでは日本の考えは通用しない。水銀は危険だというが、日本人がわれわれの生活のめんどうを見てくれるのか。一度来ただけであまり騒がないでほしい」と忠告していた。私たちは水俣病の悲惨さを知っているだけに、簡単に善悪を決めてしまうが、ブラジル住民の知らないことの恐さや善悪を決めてしまうだけでは解決しない問題もあり、複雑な気持ちになった。アマゾンの奥地で深刻な事態が起きている事実をリアルに伝えることしかできなかった。

サミットの会場になったリオ・デ・ジャネイロでは、世界のNGOによるグローバル・フォーラムが公園で開かれ、あちこちでNGOの人たちが意見交換していた。NGOの活動は地球サミットが端緒となった。日本でも気候変動、熱帯雨林、大気汚染などのNGO代表が参加していた。しかし、諸外国と違って、日本のNGOの特徴は半数以上は電力会社など企業の代表で占められていた。日本は環境大国として「公害は克服した」と喧伝していた。世界の環境団体から「環境大国を売りだしながら、アメリカの背後に隠れている」と日本政府のアメリカ追随を批判され、ワースト3の烙印を押されてしまった。

地球サミットで理解したのは、環境問題は日本では自然破壊と考えがちだが、世界的には貧困の根絶と教育充実こそが重要だと気付いた。

私も初めての海外出張であったが、英語など語学を十分に話すことは、今後のジャーナリストにとっては不可欠の条件になっていくことは痛感した。ブラジルはポルトガル語で、取材時の会話は現地の日系の通訳者にまかせるしかなかったが、街にでると英語が通用しないところが多かった。水俣ツアーで流暢に英語をしゃべる参加者の1人は流暢すぎて通ぜず、私のブロークンな英語の方が通じた。

語学は確かに必須であるが、海外特派員の取材は日本で10年ぐらいを経験しておかないと、特派員になっても政治、経済、社会事件等に対処できない。かつて、語学が堪能な新人記者を即特派員にする人事政策を導入して公募したが、見事に失敗した。朝日の本多勝一氏が「語学ができたら記者になれるのか」と疑問を呈し、「日本語ができたら誰でも記者になれるのか」と、揶揄していたことがある。まったく、本多氏の指摘は当たっていた。

語学のことで感心したのは、ノーベル物理学賞を受賞した益川敏英さんを囲んだ鼎談（ていだん）と対談を出版社の意向で2回ほど手伝ったことがあった。ノーベル賞の受賞直後に京大の湯川秀樹記念館での鼎談では、日本語のすばらしさを「学術論文を書けるのは日本語と英語です。それほど日本語は語彙が豊富だ」と語り、中国など学術用語が少ない国の人は結局、英語で論文を書いていると語った。益川さんはノーベル賞の会見で英語は苦手とおっしゃっていたが、英語の論文は読んでおられるし、当然よく分かっておられる。それよりも日本語のすばらしさを知らしめたかったことが分かった。専門家ぶったところがなくて、その人間的魅力には感心させられた。

通訳している人が正確な日本語と日本文化を知っていないと通訳や翻訳はできないと強調していたことがあった。英語が堪能な日本人がイギリス人から飛鳥時代の文化について質問されたら何も答えられなかったという話もある。フランスやイギリスのように国語を大事にする文化を日本はもっと学ばなければならない。

8 航空記者と規制緩和

航空機事故の奥深さ

社会部デスクになって7年たったころ、私自身の今後の仕事の方向について1つの転機が訪れた。日本エアシステム（JAS）の岩手・花巻空港の事故が私を航空機問題に連れ戻す結果になった。

93年4月18日、JASのDC9型機が花巻空港で着陸時における事故が起きた。右脚と前車輪を損傷し、火災が発生した。その日、私は当番デスクではなかったし、日航123便事故の編集局一幹部の対応に嫌気がさしていたから、航空関係の取材から遠ざかっていた。当番デスクは通信社の配信をもとにJAS機事故を「パイロットの着陸ミス」として掲載していた。私なら「パイロットミス」の部分を削除する。事故原因が分からない段階で「パイロットミス」にしてしまうのはミスリードである。着陸時の事故はパイロットミスを含めて機材（機体）の問題か、整備が不十分であったり、管制ミス、空港の天候の問題などの原因が考えられる。パイロットがミスしたら、なぜ、ミスをしたのかを調査して原因を究明しないと再発防止につながらない。

日本のメディアの場合、着陸時におけるトラブルは原因が分からない段階で、ほとんど「パイロットミス」として報道している。テレビでも事故は「パイロットミス」と断定しながら、「これから原因を調査することにしている」と、平気で矛盾した報道をしている。「パイロットミス」は常套句として使用されている実態は今も余り変わっていない。パイロットミスにしてしまうと、航空機メーカーも航空会社も責任が軽くなるし、費用も安上がりで事故調査も楽になる、という指摘もある。法律関係者も「誰か責任ある者をつくることによって、世論対策をしている」という問題点を指摘しているほどだ。航空関係者はことあるごとに運輸省記者クラブで申し入れをしているが、記者も1、2年で交替していくから、「パイロットミス」報道はなくならない。事故原因を科学的に見ていくという姿勢もないし、気づいてもいない。

当初、事故調は「JASの社内規程にある運航規程に違反して副操縦士が操縦していたことが事故につながった可能性が高い」との見方をしており、メディアにもリークしていた。この事故でも日航、全日空、JASのパイロット、航空機関士で構成している日本乗員組合連絡会議（日乗連）は、まだ原因が未定の段階で一方的な見方の報道内容が氾濫しているため、「予断を持った先走り的意見だ」と批判していた。赤旗も同様だとして編集局長に抗議を含めた電話が入った。その際に、日乗連から日航123便事故を経験している私に取材してほしい、という要望が寄せられたらしい。編集局次長と社会部長が、私を呼び出して3面にJAS事故の特集を書いてほしい、という話であった。

社会部デスクの問題は、当日の当番デスクが航空事故の入り組んだ問題を理解していないため、記者に取材を指示しないで通信社記事で間にあわせていた。自分たちで直接取材していないために誤まった報道を続けていたことになる。最初の当番デスクがそういう対応をしているから、他のデスクへの引き継ぎでも航空機事故が起きたという事実認識の範囲で処理していたと考えられる。

私は日乗連に問い合わせをして、詳しいいきさつを聞いたので、取材することにした。

「JAS機事故の背景をみると…」とのタイトルで事故調が主張する社内規程の問題と事故調査の原因より〝犯人捜し〟をしている事故調査内容、事故当日の花巻空港の横風時の着陸状況を柱に特集面を書いた。パイロットミスではなかったという立場ではないが、分かっている事実を客観的に伝えるようにした。これまでの赤旗報道の事実上の訂正記事の意味が込められているのは仕方ない。

副操縦士は、花巻空港の手前で機長の指示で操縦を交替し、着陸させた。副操縦士はDC9型機のライセンスを10ヵ月前に取得しており、操縦したことには技術的問題はなかった。が、社内規程の運航規程に副操縦士資格発令後6ヵ月未満の者は離着陸させてはならないとしていた。日航、全日空ともそういう規程はない。JASは「規程は昭和46年10月からあるが、今は何故6ヵ月規程があるのかは分かっていない。当時の安全を重視した考えと理解してほしい」と私にコメントしている。着陸時は滑走路の横方向から強い風が吹いているため、降下しながら着陸する航空機は飛行によって生じる向かい風と横風によって斜め前から風を受け、揚力を得るために滑走路に対して機首を斜めに向けながら飛ぶクラブ（蟹）飛行を行い、着陸寸前に機首を元の真正面に戻す（デクラブ）操作をして着陸している。

日乗連は当該パイロットらの話を聞いて、当日の天候は空港周辺に発生した複雑で激しい水平・鉛直（上下）方向の気流（ウィンドシア）の乱れがあり、事故機の揚力が急激かつ多量に減少した可能性が極めて高いと推定して本格的な調査に乗り出していた・・・という特集記事にした。

事故調は1年後の94年12月に日乗連が指摘しているウィンドシア現象を認める着陸時の風の急変が原因とする事故調査報告書を発表した。そのうえ、事故調は「だれが操縦していても事故は避けられなかった」として、副操縦士の操縦が事故原因としていた当初の見解を訂正した。日本の事故調査委員会としては、現役乗員の意見を取り入れた、極めて珍しい評価される事例となった。当初のパイロットミスではなく、気象条件でハードランディングになったことが明らかとなった。この事故で、成田など空港周辺の気象条件を観測する機器の導入に道を拓いた。再発防止を目的にする航空機事故調査の本来の役割を果たしたことになった。

94年4月26日には、名古屋空港で中華航空エアバスA300‐600R型機の着陸時の事故が起きた。私は羽田に運航乗員を訪ねて事故をどう見ているかを取材した。着陸復行（ゴーアラウンド）モードが引き金となって操縦士と制御コンピューターが相反する操作を行った結果、水平尾翼のスタビライザー（水平安定板）が最大機首あげ状態になり、墜落に結びついた可能性が分かったので解説記事を書いた。この事故も当初は、操縦士の身体からアルコールが検出されたことを理由に、酒を飲んでいたとの報道があった。が、遺体からアルコールが検出されるのは珍しい訳ではないことも分かって〝酔っぱらい操縦〟説が消えた。
この時も事故調はボイスレコーダー、フライトレコーダーの解析が十分でない段階で、パイロットミスを示唆するシナリオで経過報告を行った。メーカーのエアバス社の技術者が来日して調査に協力するのは当然だが、エアバス社の見解を事故調が反映すると、本来の事故調査の目的である再発防止に寄与しなくなる。事故調に専門家がいないため、航空機メーカーの意見で左右されてしまう恐れがあった。

中華航空機事故は、「第4世代旅客機」といわれるハイテク機であった。ハイテクの価値は安全性の向上にあり、ハイテク化された機器も人間をサポートするためのものだ。航空評論家の青木謙知氏は「操作が簡単になったとか、短時間で操作できるとか、表示が見やすくなったとかいう〝ハイテク神話〟を過剰評価してはいけない。どんなに技術がすすんでも、パイロットがハイテク機器を使いこなさなければ事故が起きてしまう。航空事故の7割は人為的ミスで起きている。人間は絶対にミスをするということを前提に安全な航空機をつくる必要があり、それがハイテク化の課題だ」と語っている。

規制緩和の先取り

ＪＡＳ機、中華航空の両事故によって、私は日乗連など航空労働者との信頼関係ができつつあった。航空労組連絡会（航空連）は編集委員会に航空法や関連諸規程の規制緩和問題について私あてに要望してきた。取材要請は直接、記者とコンタクトを取るより、編集委員会を通して要望した方がよいと伝えておいたからである。個人的に対処するより組織を通した方がスムースに流れるし、組織として対応することになるからだ。航空連副議長と事務局長から1日がかりで航空に関する規制緩和問題のレクチュアを受けた。航空連は、赤旗の報道によって現状を打開していく判断があった。空の安全と航空労働者の立場を理解しているのが理由であった。レクチュアを聞いて、航空全般にかかわっている空の安全問題と捉えて、問題ごとに柱を立てて連載するしかない、と考えた。

その結果、・パイロットの長時間乗務・客室乗務員の保安任務軽視・整備の骨抜き・崩れる自社運航・高い国内運賃・・・の項目にそって規制緩和の実態に迫り、航空の安全を確立していくことにした。その他、残された格安航空会社の設立問題などは個別記事でやることにした。タイトルは「空の安全と規制緩和」にした。この柱をもとに、それぞれの分野ごとに詳しく取材していく。書いた記事は事前に取材に協力した人に見せて了解を得ることを条件にした。間違って書くと、航空会社や運輸省からクレームが出るし、絶対取材者に迷惑をかけないことを説明した。それは航空労働者と私との信頼関係を築くことにもなる。事実をもとに正確な問題提起をしていく内容にしていかないと読者に説得力を持たない。私も新たな挑戦として取り組んだ。

この時点では、政府が押し進める規制緩和政策は、まだメディアも取り上げていなかったし、規制緩和については「いい面もあるが、そうでない面もある」と編集局内でも是々非々的なとらえ方をしていたようだ。従って、まだはっきりした世論の形成はなかった。政府が推進する規制緩和政策は航空業界から始まったといえる。それは公的立場にある航空業界に企業間競争と効率経営を押し進めることが目的であった。

パイロットの長時間乗務については日航の国際線で交代なしで18時間も乗務させている問題を取り上げた。長大路線の乗務は、イギリスやシンガポール、オランダ、オーストラリアなどの航空会社は11時間から12時間程度であった。それに比べると、日本は15時間だった。18時間乗務が出たのは、成田からモスクワ行きで、悪天候のためにドイツのフランクフルトまで延長、そのままパリまで移動させ17時間55分にもなったというもの。その上、どの路線も乗務する際には1時間半前から勤務に入り、着陸後も1時間の引き継ぎで拘束される。また、成田からロサンゼルス便も交代要員の編成から交代なし編成に切り下げる予定になっている。長時間乗務の問題は、乗員に体力的にも精神的にも限界のフライトを強いており、即、安全にかかわってくる問題を抱えていた。

日航乗員組合は経営側と交渉してきたが、平行線のままのため、94年4月に会社側が労働協約を一方的に破棄した。このため、乗員組合は就業規則を不利益に変更したことは無効だ、として東京地裁に提訴した。99年11月の判決では、争点の中心であった安全性を無視した交代要員なしの長時間乗務につく義務はない、機長が安全と判断しないかぎり最終目的地まで勤務を完遂する義務はないとの判決で勝訴した。

控訴審で再び争うことになったが、04年3月には東京高裁が就業規則の変更は無効として乗員組合の完全勝利となった。

客室乗務員は慢性的人員不足の職場になっている。毎日出勤する時間が違う変則勤務の上、1飛行が13時間から20時間に延長された。いつも富士山の6、7合目ぐらいの勤務なので航空性中耳炎や腰痛、膀胱炎を多発させている。食事も立ったままかき込むので胃腸障害も多い。調子を崩して4、5年で辞めていくのが目立つようになっている。職場のイメージは見ると聞くとでは大違いで、かなりの過密労働になっている。当時、日航の子会社が大阪・バンコク間にタイ人の客室乗務員を使い、航空法、労働者派遣法に抵触する行為をしていた。日航の乗務員が別会社の客室乗務員に指揮・命令せざるを得ない状態が生じたため、国会でも問題になった。本来の客室乗務員の任務としている乗客の安全を優先する保安任務より、他社との競争に打ち勝つために商品を売るサービス過剰に流れていった。同時にアルバイト（契約）・スチュワーデス問題が出てきたため、雇用形態・労働条件に関する事態に発展し、現場で反対運動も起きてきたので96年7月には、全日空が順次正社員に採用していくことになった。日航はその後に続いた。客室乗務員問題は、国が保安乗務の位置づけをしていないのがネックになっていた。

規制緩和で大きな影響を受けるのは整備部門だった。整備はカネはかかっても利益を生まない〝カネ食い虫〟部門であるため、もともと安上がりの整備にしようと航空会社が運輸省に要望してきた経緯があった。86年には整備作業を点検する二重チェック体制を1回のチェックだけですませるとを認めさせている。88年には航空法施行規則に手をつけず、通達を改定するだけで独立していた検査部門を整備部門の中に組み込んでもよいとした。

整備部門について、航空会社の最大の目的は航空法の「自社整備の原則」を骨抜きにすることだった。高度な技術ではない非定例整備については、航空各社はシンガポール、アメリカ、ホンコン、オーストラリアの整備専門会社に委託していた。この海外の整備会社をより活用するため、定例整備までできる委託範囲の拡大を要望してきた。しかし、定例整備は、日本の航空法が認めた「1等航空整備士」が確認しなければならないため、1等航空整備士を海外に出張させて確認をしてきた。このため、海外整備会社自身に確認をさせる緩和を求めているのが現状になっている。

このほか、さまざまな運航形態を導入して「自社運航の原則」をなし崩し的に変更していった。例えば、日航が別のオーストラリアのカンタス航空と一緒に運航するなら共同運航、機体だけならドライリース、乗員と一緒ならウェットリース、さらにコードシェアリング（乗り継ぎ提携）、便名がつかないスペースブロック（営業協力）などがある。これらは航空法で定めている「自社運航の原則」「名義貸しの禁止」に抵触するもので、運輸省も「基本的に問題あり」としてきた。しかし、「供給能力の不足を補う」「より少ないリスクで効果的な市場を開発できる」との航空会社の要望で、91年に運輸政策審議会の答申で認めてしまった結果、さまざまな運航形態が生まれた。事故が起きた時の補償問題の責任分担率はどうなるのか、安全面からの危惧も十分な詰めを行わないで見切り発車している。

高い航空運賃も課題が多い。格安航空券は旅行会社などに団体専用として販売したものを、市場で個人用のバラ売りとして出回っている航空券だった。航空会社は空席のままで飛ばすより1人でも客の多いほうがよい訳だ。シーズンオフ対策では旅行会社、ホテルとタイアップしている。北海道などへのスキーツアーもそういう商品の1つだ。航空運賃が高い理由は、空港使用料（ジェット機＝特別着陸料、航空援助施設利用料）などに代表される公租公課（税金）がある。特に、外国に比べても日本の着陸料は高い。ジェット機着陸料の中身は騒音対策費で、国民に負担させている結果だ。一般に航空運賃収入を国際、国内に分けると、国際線は1キロあたり5円にたいし、国内線は20円と4倍高くなっている。さらに、航空運賃は新幹線との競争の中で決められていく。根底には「航空機利用は国民の一部で、税の負担能力は十分にある」との贅沢利用という意識が変わっていないからだ。本来、航空運賃は運輸省が認可する公共料金であり、高すぎても安すぎてもいけない、国の物価に応じた適正価格にしていかなければならない。

格安航空会社はアメリカのカーター時代の規制緩和策の物真似で発足した。アメリカでは5年間で80以上の格安航空会社が誕生したが、事故が相次ぎ、破産法の申請も増え、規制緩和の花形だったバリュージェット航空がフロリダのワニが生息する湿原に墜落した事故が契機となって、急速に失速していった。今日の日本の格安航空機ブームは、こういった規制緩和の延長線上にあって認められている。円高や国内外旅行ブーム、空港の利用増大手段、大手の航空会社の航空運賃が高すぎた反映でもある。が、現実には航空運賃が安ければ、それなりのリスクを利用者が覚悟しなければならなくなる。事故時の補償問題が生じてくる。メディアもゴールデンウィークに合わせたニュースとして安全よりも格安運賃に焦点をあてたキャンペーンを行っている。仮に、事故が起きるとメディアは手を返したように「安全軽視」を糾弾することになるだろう。

規制緩和の問題は、小泉首相の構造改革路線で頂点に達した嫌いがある。先駆けの航空業界の規制緩和で、民間バス会社の分社化、長距離バスやタクシー会社の過剰競争、正規・不正規労働者問題、変形労働・深夜労働・長時間労働などの無権利状態を生み出し、社会問題化している。今ではパイロットの勤務表を見ると、日航、全日空ともグループ内で、例えば日航のパイロットとして乗り、次は子会社のジェイエアに出向、最後は日航にまた戻るというローテーション。全日空だとエアニッポンに出向するなど、グループ内の機材を効率的に活用するため、パイロットは将棋の駒のごとく乗務編成がされている。

航空関係の規制緩和問題に取り組んだころは、ここまでひどい状態になるとは思ってもいなかった。小さなトラブルや事故が続発しているのも規制緩和と競争促進策を受けて徹底したコスト削減、人べらし「合理化」追求の中で起きているのが実情である。よく、友人、知人から「どこの飛行機が安全なの」と問われることが多いが、「どこも一緒だ」というのが私の答えだ。それは日本の航空会社が使用しているメーカーは基本的にはボーイング社とエアバス社の2会社が大半だ。ボンバルディア（カナダ）、エンブラエル（ブラジル）などもあるが路線との関係で子会社が使用している。整備内容もさしたる違いはない。気になるのは、乗員もエリート意識はあってもプロ意識は弱くなっていると感じている。

規制緩和の取材によって、パイロット（運航乗員）、客室乗務員、整備士、各ＯＢなどと知り合い、航空分野の取材に打ち込めた。軍事分野を担当してきた経験から航空の問題はより深く理解できるようになっていった。自衛隊のＯＢも航空分野には結構進出していたので、いろいろ教えてもらった。こうした航空関係者とのつながりが、日航１２３便事故の謎を追うきっかけになっていった。日航事故から10年目に日航機を追跡し、最初に墜落現場を連絡した米空軍のアントヌッチ中尉の証言（95年8月）をいち早く報道したことから、証言内容を航空連に航空用語を含めて正確に翻訳してもらった。それをきっかけに、日航、全日空の運航乗員の協力と日航の元乗員であった藤田日出男氏と出会い、さらにアントヌッチ証言から10年後に私の『御巣鷹の謎を追う　日航１２３便事故20年』を上梓できたからである。人生の巡り合わせを感じる。

整備が規制緩和の中心

96年6月には、福岡空港で離陸するガルーダ・インドネシア航空のＤＣ10型機の第２エンジン（垂直尾翼下）が爆発して離陸決心速度（Ｖ１）の直後に離陸を中断したため、滑走路から外れた衝撃で災上事故が起きた。事故現場は西部総局にまかせ、この時も羽田に連日通った。こういう事故は、現場に行っても事故機の写真を撮るだけで何も分からない。航空機が離陸するための手順（Ｖ１→ＶＲ＝機首引き上げ速度→Ｖ２＝離陸安全速度）を解説した。事故調が調べて報告するまでは、原因を推測することは避けた。

ガルーダ事故があったこともあり、航空業界の規制緩和の中心になっている整備の問題だけに焦点をあてて、３回連載を行った。航空関係の記事は決してやさしい分野ではないが、読者の関心は高かった。難しい専門的な内容にしないで、しかし、深みのある新しい内容で勝負した。続「空の安全と規制緩和　航空機整備の現場では」と副題をつけた。航空業界はハイテク機であるボーイング777の導入を契機に規制緩和の名による整備の手抜きが強行されつつあった。「上」で新機種ボーイング777、「中」で飛行間整備、「下」でボーガス・パーツ（まがいもの部品）侵入・・・の柱で取材することにした。

エアバスに対抗してハイテク機として登場したボーイング777（通称トリプルセブン）は、ジャンボ機のB747－400（約570席）とB767－300（同270席）の間を埋める機体（同390席）として、国内線だけでなく、国際線にも就航させる方針になっていた。メーカーのボーイング社は「余裕あるシステムによる多重な安全構造を持つ航空機」で「予防整備は不要」と宣伝していた。航空会社はこのいい分を受け入れて出発まえの点検項目をジャンボ機の3分の1に減らした。点検するのはエンジンと脚回りなど3項目だけ。従来、点検してきた油漏れや機体の傷の有無などはしなくてもよい。従って、出発まえの飛行間整備は整備員1人で十分という訳だ。航空の整備は空中での故障発生を極力避けるため、劣化している機器は故障まえに交換する「予防整備」が基本になっている。これがB777導入によって覆されてしまった。整備士によると、一般に機種の不具合は5年くらい経ないと分からないし、整備面から「こういう飛行機か」と特徴をつかむには10年はかかるという。メーカーは「多くのテストをクリアした、今までにはない完成機」と宣伝するが、航空機の寿命が延びたということではない。

運航乗員や整備士が危惧しているのは、ジャンボ機の4発エンジンに比べて、B777は2発エンジンで、エンジンに不具合が生じると1発での飛行を強いられる。整備の手間はジャンボ機の半分で済むが、B777の1発はジャンボ機の2発分に相当する出力のため、1発でバランスを取るのが難しくなる。長距離飛行を使用する2発機の場合は、エンジンが1発停止した時に代替空港へ着陸するための飛行時間制限＝ETOPSが設定されている。B767は120分の設定だが、B777は180分まではよいとされている。B777の運用は最初から太平洋に就航させる日米の航空会社のねらいがあった。日航、全日空の運航乗員は「現実にはどこの空港でも着陸できる訳にはいかないので、かなりきびしい設定だ」と語っている。

連載「中」は、航空機が着陸してから別の便として出発する間の整備を飛行間整備という。航空会社は航空機をできるだけ効率的に運用するために地上に駐機している時間を短くしている。大型機でおよそ50分。従って、1人で15分から20分で油漏れやブレーキ部分、エンジンに鳥など異物が入っていないことを点検する。脚回りはジャンボ機ならタイヤだけで18本もある。何か不具合があれば応援を呼ぶことはできるが、呼んで何もないと迷惑をかけたことになってしまう。2人体制だと見落としやミスが少なくなって、整備士が責任をもって航空機を見送ることができるが、1人だと一抹の不安が残るという。不具合が見つかっても、内容次第で修理を見送ることもある。定時出発が遅れるし予備機の余裕がないためだ。格納庫には、エンジンがない〝グライダー〟みたいな航空機が並んでいる時もある。飛行間整備は有名無実になってきている。定例整備でも不具合が起きても、その部分のパーツを取り替えてしまえば済む。それは修繕していることにはならない。従って、整備技術が継承されにくい側面もでてきている。

「下」のボーガス・パーツ（まがいもの部品）は、興味深いものが書けた。95年12月にアメリカン航空のB757－300が南米コロンビアの山中に墜落した。事故調査団が驚いたのは、現場に到着したら、主な部品がなくなっていたことだ。アメリカの雑誌『ビジネスウィーク』によると、盗難部品は500点に及び、そのほとんどが闇市場で取引されたと報じている。同誌は「航空機用部品は麻薬より収益性が高く、暗黒街の急成長商品になった」とのべ、闇の組織が関与していたと見ている。

フロリダ州に墜落したバリュージェット航空のDC9型機のエンジンは、その後の調査でFAA（米連邦航空局）の承認を受けたものでなかったことが明らかになっている。トルコの整備工場でオーバーホールされたエンジンがバリュージェット航空に売却されていた。湾岸戦争時、クウェートで破壊された英国航空機の部品がヴァージンアトランティック航空に流用されそうになったが、機体に取り付ける際に発見された。こういう事態にルフトハンザ航空のスポークスマンは「偽部品は世界的な問題になっている」と警告している。

FAAはボーガス・パーツが急増しているのは、労朽機が急増していることで代替部品の需要が増えたことや資金不足の新興会社が整備の大部分を外注したため、管理監督が行き届かなくなったと分析している。今後は〝純正部品〟という名のまがいものが出回る可能性もある。航空安全推進連絡会議は「規制緩和の基本は、国から民間に実際の権限を移しているだけだ」と指摘している。規制緩和は確実に空の安全を危うくしている。

航空機事故は、この50年で100人以上の死亡事故は約160件起きている。商業用の旅客機の製造は、12万回の離着陸に耐えられ、さまざまな機器は二重三重の安全設計（フェイルセーフ）がなされている。日航の整備士によると、フェイルセーフといえば、安全性が確保されているというイメージが先行しているが、エンジンや油圧系統、電気系統、高圧空気系統など装備面については、そういえなくもないが、機体の構造にはあてはまらない。主翼、胴体、垂直尾翼、水平尾翼、骨組みなどすべて丈夫で軽い材質がもとめられるため、二重、三重の構造にはなっていないと指摘している。「フェイルセーフ構造設計とは疲労その他の理由から内部の重要構造部材が壊れても、それによる損傷が表に現れた時点で適時に発見でき、修理交換すればよい、という考えに基づいている。なぜなら、外部に破壊の兆候があらわれる時点までの限定期間は残りの構造で強度が保証され、致命的な事態とならぬような設計と理解されている」という。さらに「フェイルセーフ以前の従来の安全寿命設計と比較した場合、完全主義からの一歩後退と認めざるをえない」と断定している。

航空機メーカーにとっては、構造の軽量化によって「儲けの多い航空機」をつくり、受注競争で成功を収めようとしている。一方、航空会社は外注検査主体で可とする整備が行える。こうした設計思想は、整備部門が検査で不具合を発見できるまで徹底しなければ、フェイルセーフ自体がもろくも崩れさる恐れを抱えている。ハイテク機のＢ７８７、エアバスＡ３８０は、こうした危惧を内在している。

規制緩和問題を先駆けてやれたことで、私はある種の記者冥利を感じていた。人がやったことを真似るのは難しいことではないが、最初に問題点を切り拓いて指摘するのは、かなりの労力がいる。「規制緩和は悪いことばかりではないんだ」という批判じみた雑音も聞こえてくる。規制緩和が航空から他の産業に進展して安全や労働条件の改悪が目に見えてくると、雰囲気が変わってしまう。変わり身の早い者が多い。

朝日新聞のOBである扇谷正造氏が著作『ジャーナリスト入門』（実日親書）に「大衆の『半歩』前を進め」と書いていたことを学生時代に読んだことをずっと覚えていた。経験的にも「1歩前」では離れすぎ、「半歩」が丁度よいと思っていた。着かず離れずというのではないが、べったりではなく、少し、一線を画して客観的にものごとを見ると理解している。ただ、基本的見方には政治的な情勢と起きている現象の本質を見極めていく記者としての視点とジャーナリストの鋭い勘がないと「1歩」も「半歩」も変わりない。

航空技術の高度化は、航空機の安全性の改善につながっている訳ではない。航空機事故は、今後新旧さまざまな航空機の増加や増便によって増加していく。ボーイング社の調査では、15年には9日に1回の割合で世界のどこかで事故が発生すると予測している。航空機は設計、製造、運航、整備、操縦というシステムによって安全が保たれている。それぞれのシステムが持つ不安全な要素は個別的には事故を起こすほど顕在化することはないが、それらの不安全要素がたまたま連続して発生し、鎖の輪のようにつながったりすれば事故は発生する。従って、機材の製造に問題があったのか、整備に問題があったのか、乗員の操作に問題があったのかは簡単に解明できない。むしろ、相互に作用して起きているのが今日の航空機事故である。

従って、パイロットが何らかの意図を持って墜落させたというような明確な原因の場合を除いて、最後の輪となるパイロットに責任を押しつけても、事故の再発防止にはつながらない。システムそのものの問題点を解明していくことが大事である。

マン－マシン。人と機械との関係においてもいえる。コンピューターが発達し、離着陸以外は自動操縦にまかせられる部分も多い。「人間はミスをおかすものだ」という前提に立てば、コンピューターなどハイテク機器はなくてはならない。だからといって、機器にまかせすぎると、トラブルが起きた時にスムースに引き継ぐことができない。何が発生している問題なのかが瞬時に理解できないためだ。コンピューターは人間が考えたプログラムによって動くが、人間にとって代われるものではない。ハイテク機器は人間を補佐するもので、機械まかせはできない。メーカーも航空会社の人員削減要望でハイテク化しており、経済的合理性に役立っても安全性では課題を残しているのが実情だ。機械ものはどんなものでも精密機械になればトラブルも増える。人が関与できる部分をシステムに組み込まないと対応できなくなる。

9　ハイジャックとニアミス事故

全日空ハイジャック事件

99年7月23日、全日空ハイジャック事件が起きた。羽田離陸後すぐに2階席にいた男が客室乗務員を包丁で脅し、コックピットに連れて行き、副操縦士を外に出して機長と籠もった。機長は犯人を刺激しないように犯人の命令を聞いて副操縦士を外に出させた。その後、機体は激しく揺れ、急上昇や急降下を繰り返した。乗員らが機会を狙って飛び込み、犯人を取り押さえたが、機長は首を2回刺され、その後に死亡した事件である。

当初は羽田空港では出発客と到着客が混在する状況であった。毎年、航空安全推進連絡会議が分離する改善案を運輸省航空局に申し入れしていたが、航空局は「国内線は各空港でしっかりチェックしており、ガードマンが旅客の流れを分離するなど運用上の配慮をしている」と答えるだけで抜本的な対策をしてこなかった。犯人自身が運輸省や報道機関に羽田空港の警備の盲点を指摘する文書まで送付していた。

この件で全日空の乗員組合に取材に行き、当該乗員らの証言をスクープできた。全日空の乗員と信頼関係が構築できていたので、素早く内部情報に接することができた。コックピットから外に出された副操縦士は、別の客室乗務員に別便に乗務する乗員らの同乗の有

しんぶん　赤　旗　　（第３種郵便物認可）

全日空ハイジャック機　墜落まで「あと数秒

乗員らの証言で判

長島機長の後ろから操縦

'99. 8.

全日空ハイジャック事件は、乗員が操縦室に飛び込んで機体を制御していなければ、あと数秒で墜落していたことが五日、乗員らの本紙への証言でわかりました。乗員らはハイジャック犯を取り押さえる一方、地上衝突の危機を脱するために長島機長の後ろ側から立ったまま操縦、五百十六人の乗客・乗員を救うことができました。

航空関係者によると、七月二十三日の事件発生後、操縦室に入った犯人を刺激しないために、副操縦士は長島機長の指示で操縦室から外にでました。緊急事態に副操縦士は、すぐにチーフパーサーの客室乗務員に別の便に乗務する乗員（デッドヘッド）が同機に乗り合わせているかどうかを確認。幸い、乗り合わせていたため、その後は乗り合わせていた別便の機長が全体の指揮をとり、これらの乗員を二階席の最前列に移動させました。

長島機長が刺されたあと、犯人が自動操縦装置をはずそうと、操縦桿（かん）や機器をさわったため、米軍横田基地周辺上空で機体のエンジン出力が最小限に絞られた「アイドリング状態」になっていました。このため、エンジン音が聞こえなくなる一方、機体の高度が三百メートル足らずまでになり、ビルや家並みが近づく中で、「テレイン、テレイン」と地上衝突警報音がなりだしました。

乗員らは「このままでは地上に激突してしまう」と判断。副操縦士がすわる右席の犯人をはがい締めにするなどして操縦桿から強引に手を離させ、取り押さえたといいます。

一方、別便の機長がシートベルトを締めている長島機長を移動させている時間的余裕がないため、同機長の後ろ側から機体を制御、エンジン推力を調整してなんとか機体を安定させてから長島機長を操縦室の外に寝かせ、同機の副操縦士が左の機長席にすわり、別便の機長が右席にすわって羽田へ帰還しました。この時、突入した乗員らは長島機長は意識不明だと判断していました。

航空機は普通、空港へ着陸する時は主翼のフラップや車輪も下ろし、速度は百三十～

全日空機は、着陸体勢にはなっていないまま飛行していますが、それでも着陸速度の…近い三百四十キロ（四百～四百五十キロ）程度は出ていたとみられています。

日本乗員組合連絡会議や航空安全推進連絡会議は、独自の調査や報道された事実、みずからの経験から「降下している機体を立て直す操作をしても、すぐには戻らない。…し、ドアを合いかぎで開け…

ハイジャックの再発防止へ声明

全日空乗員組合など

全日空機ハイジャック事件で、日本乗員組合連絡会議、日本航空機操縦士会、航空安全推進連絡会議、客室乗務員連絡会、航空労組連絡会、全日空乗員組合は五日、再発防止に向けた緊急声明を発表

…不法行為防止の緊急対策として、到着・出発客が混在せず、経路が逆行できないよう、国内線も国際線なみに空港の構造を変更する②搭乗手続き段階から、営業・接客業務中心ではなく、不審者の監視を強める③客室乗務員のサービス業務を見直し、保安対策を優先させる④不法行為解決のために、機長の判断を第一義的に尊重する航空・空港に従…

ハイジャッカーから操縦を取り戻して安全に着陸した顛末記事の詳細

無を確認した。幸い、別便のクルーが乗務していた。その機長が指揮をとり、2階席の乗客を後ろに行かせ、コックピットの真後ろに乗員を座らせて待機させた。機長を刺して犯人が自動操縦をはずそうと操縦桿や機器をさわったために、米軍横田基地周辺の上空でエンジンが最小限に絞られたアイドリング状態になっていた。エンジン音が聞こえず、ビルや家並みが近づく中で地上衝突装置が「テレイン、テレイン」と音声入り警報音がドア越しに聞こえた。高度が300m足らずになっていた。外で待機していた乗員らは「危ない！　このままでは衝突する」と判断し、操縦室のドアを蹴破り、右側の副操縦席に座る犯人を羽交い締めにして操縦桿から手を外させ、取り押さえた。一報、別便の機長が刺された機長を移動させる時間的余裕がないため、機長の後側から機体を制御、エンジン出力を調整してなんとか機体を安定させた。刺された機長を操縦室の外に寝かせ、副操縦士が機長席に座り、別便の機長が右席に座って羽田に帰還した。

乗員らは刺された機長は意識不明の重体だと判断した。航空機は普通、空港へ着陸する際、主翼のフラップや車輪を下ろし、速度は130から140ノット（約230～250キロ）程度で進入する。しかし、ハイジャックされた航空機は一刻の猶予もなく、240ノット（400～450キロ）で進入し、減速して着陸している。乗員らは「もしドアを合鍵で開けるなどして突入が遅れ、操縦回復が遅れていたら、あと数秒で墜落していた。高層ビルがあれば主翼が接触する可能性もあり、間一髪というきわどい状態だった」と語った。

事件のリアルさを聞いていて鳥肌がたった。羽田からの帰りの車中で取材メモ帳を見ながら、ポイントを書き落とさないようにアンダーラインを引いた。頭の中は事件の再現が浮かび、興奮はしていないが頭の中は猛烈に回転しているのが分かる。まだワープロの時代だから、本局に帰らないと記事作成ができない。幸い、しっかりしている当番デスクだったので、「大きい、トップでいける」とだけ伝えて、席に戻るやホットな状態で一気に打ち込んだ。メモは確認するだけだった。とにかく、早くこの事実を伝えたかった。

原稿を受け取った社会部当番デスクも整理部デスクも「すごいなぁ」と異口同音で感想を述べた。「全日空ハイジャック　墜落まであと数秒」「乗員らの証言で判明」の見出しで社会面トップを飾った。

このスクープは、読者からの反響も含めてかなり話題になった。後日、他のメディアもあと追いした。刺された機長の対応について、「犯人を操縦室に入れたのは理解できない。外で対応すべきだった」「犯人のいいなりにする運航規程は変更すべきだ」などの意見があった。これに対し、日本乗員組合連絡会議や航空安全推進連絡会議は「機長は乗員・乗客の安全第一に考えてドアを開けたのは正しかった」との見解を表明し、その理由として犯人が単独か複数かは確認できない。拒否すれば客室乗務員、場合によっては乗客に危害が及んでいた可能性が高い・・・とし、まず、犯人の要求を聞き、運航規程に従って臨機応変に対処することが機長の責任だと強調した。また、乗客が携帯などで通話すると、複数の犯人がいる場合には極めて危険になるため、軽はずみな行動を慎むように要請している。外国では複数のテロリストによって通話した乗客が殺されている事例があるからだ。

日航ニアミス事故

01年2月3日、焼津市上空で日航機同士のニアミス事故が起きた。私は休みで自宅にいた。昼すぎ、社会部の副部長から電話が入ってきて、「どこを取材するか我々では分からないから出勤して指揮をとって」といってきた。午前9時すぎの事故だから、正午のニュースを見ていた。「分かった。羽田関係は俺が見るから、運輸省の全運輸労働組合に記者

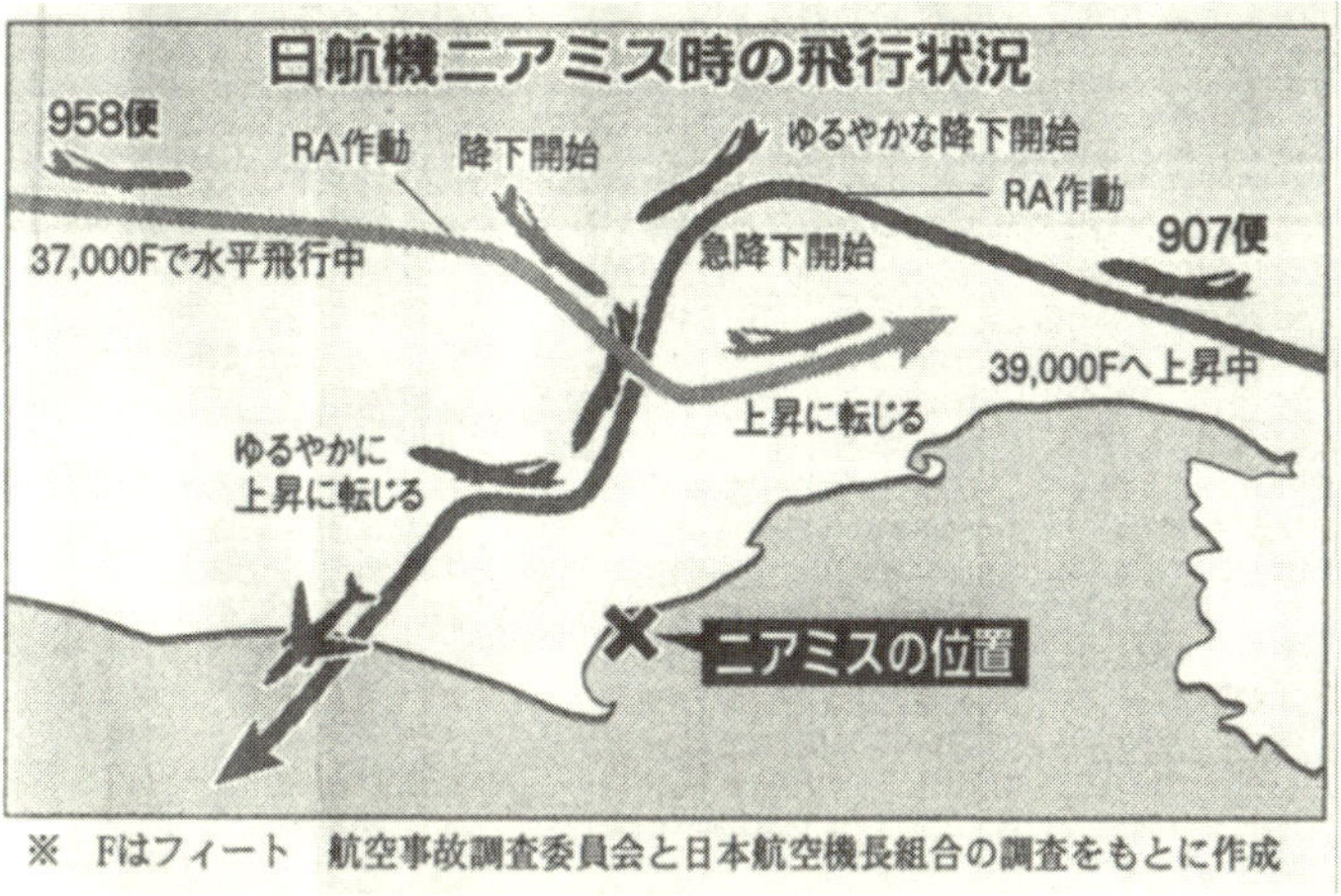

※　Fはフィート　航空事故調査委員会と日本航空機長組合の調査をもとに作成

日航機同士のニアミスの飛行状況

を飛ばして管制官の取材をしてほしい」と指示した。所沢の東京航空交通管制部（ＡＣＣ）の管内だから、管制官の指示がどうだったのかが問われることになる。航空取材では当たり前の話だが、日頃、取材していない記者やデスクは、どこを、何を取材するかのポイントが分からない。しいていえば、日航のパイロットに聞いても誰でも分かる訳ではない。分かる人間を知っているかどうかだ。

　出勤して状況を聞いた上で、日航機長組合、乗員組合、日乗連、所沢の東京航空管制部に次々と電話を入れて概要を聞いた。乗員の方の取材でほぼ事実関係が分かったが、管制の方は慎重

日航機ニアミス

迫る相手機　とっさに…

907便　降下継続を決断

958便　目視で一転上方

日本航空の定期旅客便同士によるニアミス事故に対し、航空事故調査委員会は二日、東京航空交通管制部の相当管制官や日航の両機長に対する事情聴取を本格的に開始しました。同委員会は今後、当該航空機に搭載されていたフライトレコーダーやボイスレコーダーなどの解析にも着手し、さまざまな要因が重なったとみられる事故の要因や背景についても調査、検討していくとしています。（3、14、15面に関連記事）

那覇に向かっていた日航907便と成田に向かっていた同958便のニアミス前後の飛行状況の詳細が二日、日本航空機長組合や同乗員組合の話で明らかになりました。

それによると、907便は三万九千㌳へ上昇中、焼津市付近で「関連航空機があり、三万五千㌳（一㌳は約三十㌢）への降下開始」という東京交通管制部（所沢市）の指示を受領。左前方約四十五㌔に相手機を確認しています。相手機の高度は三万七千㌳と表示されていました。

907便の速度は、時速約八百八十㌔。東京管制部の指示のあと、ただちに自動操縦を手動に切り替え、降下を開始。降下操作直後に、空中衝突防止装置TCASのTA（警告）が、その直後に同RA（緊急回避）を指示されています。

しかし、すでに相手機を視認していた907便は、衝突を回避するためにはそのまま降下を続けることが最良だと判断、三万五千㌳への降下を続けたとしています。高度三万六千八百五十㌳から三万六千八百㌳を飛行中に、相手機が907便の真上を通過。相手機との垂直距離は、最接近時で十㍍程度でした。その後、管制指示を受領、再度三万九千㌳へ上昇しています。

一方、958便は大島に向かって高度三万七千㌳を巡航中、高度三万七千㌳で接近中の相手機を発見。直後にTCASが警告表示（TA）したため、自動操縦装置を切り、緊急回避（RA）に備えています。

まもなくTCASから緊急回避が指示され、降下を開始。その後、降下率を増加するよう指示を受けたため、スピードブレーキをいっぱいにして降下を続行しています。

しかし、TCASの指示に従いつつも、相手機が958便の左前方の位置からさらに接近してきたため、機首を下方に向けて同高度を降下していると判断、とっさに衝突の危険を感じたために降下を中止し、目視により上方に移行しています。

な対応に終始していた。副部長が横に来て「記者が大勢いても、君1人でさばいているなぁ」と感心していた。「とにかく、管制を含めて幾つかの要因があるらしいので、事実関係がどうなっているかで第1報を書くしかない。事故調査も時間がかかるから」と答えておいた。運輸省の取材が終わって帰ってきた記者に管制部の情報を聞き、本記とサイド記事を書いた。航空事故の基本が分かっている者が情報を集約してアンカーとして書いた方が早いし、間違いも少ない。事故調でボイスレコーダーやフライトレコーダーの分析が行われるし、空中衝突防止装置（TCAS＝ティキャス）が作動しているので、やはり、いくつかの要因が重なった事故の可能性が出てきた。

事故は、那覇に向かっていた日航907便は39000フィートへ上昇中、焼津市付近で東京交通管制部から「関連航空機があり、35000フィートへの降下開始」という指示を受領。左前方約45キロに相手機を確認した。相手機の高度は37000フィートと表示されていた。907便の速度は約880キロ。東京管制部の指示のあと、ただちに自動操縦を手動に切り替えて降下を開始。降下操作直後にTCASのTA（警告）が表示、その直後にRA（緊急回避）が発せられ、上方への回避を指示された。しかし、すでに相手機を確認している907便は、衝突を回避するために降下を続けることが最良だと判断し、

35000フィートへの降下を続けた。高度36850から36800フィートを飛行中に相手機が907便の真上を通過した。垂直距離は最接近時で10m程度だった。その後、管制指示を受領し、39000フィートへ上昇した。

一方、958便は大島に向かって高度37000フィートを巡行中、高度37000フィートで接近中の相手機を発見。直後にTCASがTA（警告）表示したため、自動操縦を切り、RA（緊急回避）に備えた。間もなく、RAが発せられ降下を開始、直後に降下率を増加する指示を受けたのでスピードブレーキをいっぱいにして降下を続けた。しかし、相手機は左前方の位置から接近してきたため、機首を下方に向けて同高度を降下していると判断、とっさに衝突の危機を感じたので降下を中止し、目視により上方に移行していった。

「間一髪の事故だった」と強調してデスクに提稿した。「これは1面トップで行こう」。部長、副部長も見て、整理部デスクに座っている当番編集委員に「1面トップでOK」と部長が告げた。

「日航機ニアミス　迫る相手機とっさに…」「907便降下継続を決断　958便目視で一転上方」の見出しで1面トップに掲載した。

本来、締め切り時間は1面の方が遅く、解説面の方が第2社会面で早いが、1人で書く場合は本記を先に書いた方が頭の整理ができるためだ。解説はあとからでもよい。

解説風サイドは①なぜ、958便は応答しなかったのか②早くから確認しながら回避が遅れたのはなぜ③TCASの指示に従わなかったのはなぜ④なぜ、負傷者が多くでたのか・・・の「4つの疑問」として書いた。

東京管制部は958便に対して2回にわたって間隔設定のための右方向に旋回するよう指示しているが、応答はなかった。管制部は30秒で957便と2回も便名を間違えて指示していた。TCASの警告で対応に余裕がなかったことも考えられるが、958便機長は「受信されていない」と語っている。管制の指示は相手機の907便にも聞こえるが、907便機長も「聞いていない」という。管制官と航空機が双方で無線のスイッチを入れて送信すると、それぞれの場所に音声記録は残るが相手には伝わっていないことが起きる。気象条件の可能性もあるから、確認や復唱が必要になってくる。

民間航空機は管制のもとで計器飛行をしており、指示に従って飛行している。従って、指示がないと高度変更もできない。TCASは互いの航空機が接近する領域に入ってくると、約40秒前に警告にあたるTAが発せられる。この時点ではパイロットの独自の判断では回避することを禁じている。さらに進んで衝突または接触の危険性が出てくる約25秒～20秒前になると緊急回避のRAが発せられ、原則無条件で上下いずれかの指示方向に回避する。しかし、間一髪のような今回の事態では機長の判断が優先される。要は時間的余裕もなく、相手機を視認している状態では機長判断で最善の方法で回避することになっている。

９０７便に負傷者が多いのは、巡航中でシートベルトを締めていなかった乗客や客室乗務員が作業中であったためだ。巡航中でシートベルトサインは消えていても気流の変化やとっさにゆれる場合もあるので、軽く締めておけば負傷しなくても済む。仮にトイレに行く時にゆれたら、手すりの下側に手を入れ体を一時的に固定すればよい。

ニアミス事故で問題になったのは、負傷者が出て羽田に引き返した９０７便の操縦室に警視庁の捜査官が入ってきて、半ば強引に事情聴取したことだ。まず負傷者を救出し、乗客を下ろす必要があったのに、対応遅れが生じた。さらに国土交通省や日航への報告が10

時間後となった。航空機事故は道路交通法による車の事故と違い、航空法で事故調査委員会が調査する。欧米の国ではテロリストなど明確な犯罪ではFBIや警察が乗り出すが、事故調査には関知しない。ところが、日本の場合は、警察庁と運輸省（旧）が「覚書」及び「犯罪捜査および航空事故調査の実施に関する細目」を交わしており、事故調が警察の捜査の一環になっているのが実情である。航空の専門家がいない警察が犯罪捜査の感覚で捜査を行ってきたため、国会でも問題となって見直しを検討するようになっている。

ニアミスの責任は10年10月に管制官と監督官の業務上過失障害罪で最高裁の上告棄却で東京高裁の有罪判決（執行猶予つき）が確定した。

ニアミス事故は日航の907、958両便の機長のとっさの判断でことなきを得た。最接近が10メートルといえば、間一髪といってもよい状況であった。あわやという事態が生じておれば677人の犠牲者が出て、複数機事故の世界記録になっていた。大惨事の一歩手前だったのだ。

日本の空のニアミスは実際には結構起きている。その大部分は軍用機とのニアミスである。航空機のニアミスは双方が近接したことを認めない限り、ニアミスとして成立しない。

民間機が軍用機のニアミスを報告しても、軍用機側は「(民間機を)視認していたからニアミスでない」と主張すれば成立しない。旅客機と軍用機の運動性能の違いが前提になっている。自衛隊のパイロットに聞いた時、「民間機はレーダーに写っているし、視認したら直前でも回避できる」といっていた。が、民間機側からいえば、軍用機が視認しているか否かは確認できない。民間機はVHF、軍用機はUHFの無線周波数帯の違いがあり、双方で交信できないためだ。日本列島と沖縄周辺は軍事訓練空域が取り囲んでおり、関東周辺は膨大な横田管制空域もある。軍事空域は焼津のニアミス事故の遠因なり背景問題として見ておく必要がある。

日航乱高下事故

航空関係の取材で、現役時代の最後までかかわった事故に日航706便乱高下事故の取材がある。裁判になったため、決着がつくまで正味10年かかった。

97年6月に香港から名古屋空港に向かっていた日航706便(MD11型機)が志摩半島上空で突然乱高下し、乗客・客室乗務員12人が負傷した。うち客室乗務員の1人が1年8ヵ月後に死亡した。事故調は99年12月に最終事故調査報告書を発表した。706便事故はマグドネル・ダグラス社のＭＤ11型機の不安定な機体特性を抜きにして考えられないが、人身事故とのかかわりで事故調や警察・検察の捜査当局の対応についても、これまでの事故に見られないものがあった。当該機長は02年5月に名古屋地検が業務上過失死傷罪で在宅起訴された。

当該機長には何度も直接取材して記事を掲載した。７０６便は志摩半島上空を降下中、高度５５００ｍを通過したところで急に速度が増加したため、機長は自動操縦により対処しようとした。しかし、自動操縦が機能せず、限界速度６７０キロを超えそうになったため、スピードブレーキを操作（主翼上面の抵抗板を開く）したが、その時、突然機首が激しく動揺した。しばらくしてコントロールできるようになった時、自動操縦が外れていることに気づいた。後に、フライトレコーダーで見ると、機首は3秒間隔の規則正しい動きの上下動を5回繰り返していた。機長は気流の変化を予測していたので3分前にはシートベルト着用サインを点灯させていた。機長がシートベルトの着用を客室乗務員に確かめたら、全員着用しているとの応対があったが、シートベルトを締めていない乗客と客室乗務員が負傷した。

事故調の報告書は、機長がスピードブレーキを操作するとともに、操縦桿を機首上げ側に引き、その際に自動操縦装置が切れて急激に機首が上がったと推定した。このため、機長が機体の姿勢を立て直そうとして操縦桿を大きな力で操作したことにより、機首の上下動が続いたと推定した。報告書はこの要因として、MD11型機の自動操縦装置の特性や機体の安定性、自動操縦の切れた機体が揺れた場合の操縦操作について、機長が十分に習熟していなかった可能性があると判断した。その背景にはメーカーの操縦マニュアルの記述が不十分であったこと、このような異常事態に陥った際の訓練が行われていなかったこと、としている。事故調は米連邦航空局（FAA）に対し、自動操縦装置の設計変更をメーカーに求める初の「安全勧告」を行った。

MD11型機は、自動操縦が突然外れて手動操縦に切り替わった際の事故や離着陸時の事故が世界中で40件近くも発生している。うち2件は他の機種では見られない仰向けの転覆事故を起こしている。事故調の報告書に対し、日本乗員組合連絡会議（日乗連）は、独自の調査、分析を行い、全面的に反論した。

その第1は、当該機長が操縦桿を引いたということに関し、機長は意図的に操縦桿の操作をしていないと証言しており、データを見ても意図的に自動操縦を外した証拠はない。

事故原因は、MD11型機の操縦特性、スピードブレーキの影響、暖かい空気と冷たい空気の逆転層の影響が重なって起きたと分析した。自動操縦装置をパイロットが引っ張って外そうとすると、約22・5キログラムの力で操縦桿を引っ張るのは不可能、としている。

第2は、3秒の周期で機首が上下動を5回繰り返した。これに対し、事故調はシミュレーターで実験を行ったが、人為的に操縦桿を押し引きしても、706便のような機体の動きは再現できなかったとしている。MD11型機の別の機体特性では、スピードブレーキに使う主翼のスポイラーの位置が胴体近くにあるため、その後流が水平尾翼の昇降舵に影響を与えたと見られる。706便では後流により昇降舵の効きが悪くなっているために機首が上がり続けた。機首上げ状態になると後流が水平尾翼にあたらなくなって機首下げが起きる。これの繰り返しが起きたと見られた。

さらに、燃料効率を高めるために水平尾翼の面積を小さくしているので、不安定さを補うためにLSAS（エルサス＝縦安定増強装置）を取り付けているが、別の問題を生じさせていた。もともとMD11型機は、燃料節約の目的で水平尾翼を小さくした上で、巡行中は水平尾翼内に主翼から燃料を移送して重心を後方に移動させる方式をとっている。重心が後方にあるほど、燃料消費が改善されるからだ。しかし、そのために機首の上下方向のコントロールを非常に不安定してしまう結果となった。高高度で高速飛行の場合、軽い操縦桿操作でも過激に反応する機体特性が影響し、操縦を難しくしていた。

事故調は急激な機首の上下運動と自動操縦が外れたことに関する要因と原因について、航空関係者の事実誤認の指摘に何ら答えることができなかった。例えば①機首あげが操縦士によるものであれば、自動操縦が解除された後に機首上げとなるはずであるが、飛行記録では機首上げのあとに自動操縦が解除されている②操縦士によるものであれば、昇降舵がまず動いた記録がなければならないが、機首上げが先に始まっている（車でいえば、ハンドルを切るまえに方向が変わったことになる）③自動操縦が切れた後に、昇降舵が一斉に機首上げ方向に動いた記録はない④同一機種が98年に2回も同様の機種上げトラブルに見舞われているにもかかわらず、何の検証もしていない⑤激しい気流の変化があった記録があるのに気象状況に関する検証が不十分⑥乗客、乗員の負傷を理由に事故扱いしながら客室業務や客室の安全に関する検証が不十分・・・という指摘や批判を解明していない。これでは何のための事故調査なのか、と厳しく批判している。

世界的にトラブルが際立っているMD11型機は、メーカーのマグドネル・ダグラス社が97年にボーイング社に吸収合併されており、同型機の生産はすでに中止されいる。日航は

94年から10機を運用していたが04年10月にはすべて別の航空会社に払い下げた。706便事故の問題点は、誤った事故報告書だけではない。名古屋地裁での刑事裁判では、裁判所が航空・鉄道事故調査委員会が作成した事故報告書を検察側申請にもとづき、「鑑定書」として採用していることである。第18～20回公判には、航空・鉄道事故調査委員会の委員が検察側証人として出廷している。裁判所の判断とはいえ、事故調査委員が出廷するのは極めて異例であった。当該委員は報告書の採用については「使う側の判断だ」として明言を避けた。

同裁判は04年7月30日の判決で、機長の操縦操作が事故に関係していたとしながら、「重大事故にただちに結びつく可能性まで認識し得たとはいえない」として無罪の判決を下した。名古屋地検はただちに高裁に控訴した。その判決は07年1月9日、1審の無罪判決を支持し、「犯罪の証明がない」として検察控訴を棄却した。

私はその半年前の06年7月末日をもって定年退職していた。が、社会部長の判断で取材要請を受け、名古屋高裁に判決取材に行った。当該機長にも、「706便事故は最後まで見届ける」と約束していた。判決内容を聞いて、「これは上告できない」と判断し、私の解説でも「事故の再調査なしに上告するのは困難だ」と書いて締めくくった。現役ではないので「ジャーナリスト」の肩書で書いた。私の最後の仕事は706便事故の控訴審判決で実質終わった。

航空の仕事といえば、駆け出し時代の大阪空港騒音訴訟から始まった。その後、日航123便墜落事故、日本エアシステム社の花巻空港事故、航空業界の規制緩和、全日空ハイジャック事件、日航ニアミス事故、日航706便事故など印象深い取材が多い。世の中に関心を呼ぶようなスクープもあるが、事故調査にも一定の影響を与えたこともできた。それは航空関係全般に信頼関係ができ、かなりの内部情報にも接触することができたからだ。さらに、規制緩和によって航空業界が変貌していく時期とも重なって、さまざまなニュースにすべき動きがあったこともある。1人の記者の働きには限界はあるが、どこを押したら何がでてくるかは理解できていたし、正面から取り組む姿勢を貫いた。航空の専門記者というつもりはさらさらないが、他の業界とは違ってリベラルな雰囲気は私の性分にも合っていた。

10　周辺事態法と軍事輸送

米軍が航空3社に正規の輸送資格要請

デスクとして航空関係とともに取材に力を注いだのは、軍事関係であった。軍事関係は先述しているように、軍事と外交は表裏一体の関係で国の重要政策である。アメリカの動静を見ることで国内の政治的な情勢判断の参考にもなる。どのマスコミも政治部と社会部が分担しながらカバーしていた。政治部は外交、軍事とも政策関係中心の取材で、社会部は演習や訓練、装備関係を分担していた。赤旗も基本的にはそうであるが、政治、社会の境界の厳密さはない。各記者のニュースソースが違うし、書き分ければよいのであって、取材計画を事前に連絡をしておけば特に問題は起きない。

私は航空分野の取材もしているので、航空関係者から軍事問題の情報が入ってくる。

01年1月中旬、日航の親しい乗員から連絡が入った。

「話があるので羽田にきてほしい。電話で話せないからすぐに。大きいと思いますよ」

「了解しました。すぐ行きます。1時間後でよろしく」

日航の乗員に会うと、防衛施設庁が日航、全日空、日本エアシステム3社に対し、在沖縄米海兵隊の本土移転演習時の米兵や軍事物資の輸送を依頼するために、米国防総省（ペンタゴン）の正規の輸送検査（ＳＡ＝Ｓａｆｅｔｙ　Ａｕｄｉｔ）資格を取得するよう要請していた事実が分かったという。会社のトップクラスからの極秘情報で、トップ２、３人ぐらいしか知らないはずだと付け加えた。

防衛施設庁が00年8月23日に航空大手3社を訪問し、米国防総省の輸送検査資格を取るよう依頼したことが分かった。米側から防衛施設庁に同資格がないと、米軍関係のチャーター便輸送は原則できないと要請されたためだ。冒頭で先述したように、全日空が海兵隊と小火器、弾薬を輸送したことで周辺事態法の先取りと全日空が批判されたが、米軍側からも同庁に「正規の米軍輸送検査資格を所持していない」と不満がだされていた。あの時の防衛施設庁や日本通運のコメントでいっていた内容がやっと分かった。

米軍は取材していても、防衛庁、自衛隊のように何でも秘密主義ではないし、オープンにするところはする。取材できないのは始めからはっきりいうし、日本のように〝玉虫色〟であいまいな処理はしない。

取材した感想は、「これはいける」と判断した。すぐに、社会部に電話して「1面トップでいける。航空3社も経営トップクラスしか知らない話だ。スクープだ」と1報を入れた。スクープを告げるのはデスクが価値判断をするための参考だ。スクープは新聞社にと

米軍輸送の資格とれ

防衛施設庁　航空3社に要請

海兵隊の本土

防衛施設庁が日本航空、全日空、日本エアシステムの三社に対し、在沖縄米海兵隊の本土移転演習時の米兵や軍事物資の輸送を依頼するために、米国防総省の正規の輸送検査（SA）資格を取るように要請していたことが十五日、本紙の調べで明らかになりました。同庁はその事実を認めています。同要請については、各社とも経営のトップクラスだけが知っており、航空機数の不足の中でどうやりくりするか、航空法で定められた機長の出発前の確認権限（PIC）で拒否される場合にどう対処するか、今後の周辺事態法にかんする協力にどう発展するのか、さらには企業のイメージダウンにつながらないか等で対応に苦慮しています。（14面に

防衛施設庁が
を訪問し、米国
検査（Safety
格を取るよう依
年八月二十三日
いと、米軍関係
便輸送は原則と
ん。

在沖米海兵隊は
間のコンチネン
ネシア航空機を
て年四回、本土
〝りゅう弾砲の
・訓練をおこな
防衛施設庁や
話を総合すると
タル社は米国内
事故を起こすな
送資格を更新（
かどうか微妙で
不足がち。この
時が同社の航空
に左右される状
いいます。

防衛施設庁は
会社に引き受け
米軍の選択肢も
問題に発展する
る」と、圧力と
をしたといいま
ると、各社の対応
としています。

在沖米海兵隊の

全日空機を利用
嘉手納基地から
基地に到着した
＝97

防衛施設庁が民間航空会社に米軍の輸送資格取得を要請スクープ

ってマスコミ界に存在感と権威を示す機会だから、ニュース価値が高いほど大きく扱う。

1月16日付け1面トップは「米軍輸送の資格とれ」「防衛施設庁　航空3社に要請」「海兵隊の本土演習に対応」の見出し。飾り写真は全日空機が横田に海兵隊を輸送した時のものを使った。

日航、全日空、日本エアシステムの航空3社にもコメントを求めた。申し合わせたように、「お話することはありません」「お答えできません」「コメントをさしひかえさせていただきます」というものだった。こういうコメントは〝アリバイコメント〟で、取材する側も相手の対応を聞いておく、というもので、初めからま

ともな答えは期待していない。コメントをとらないと、一方的に書いたと誤解されないためだ。内容がないので無視しても弊害はない。いつの間にか、コメントとはこういうものだ、と広く定着した感がある。

防衛施設庁は「米軍の要請で航空3社に依頼したが、まだご返事はいただいていない。政府としては米軍関係輸送は輸送代理店を通してお願いしており、決して強制するものではない。輸送は本土移転演習に限定している」と答えた。書いていても手応えがあるのは伝わってくる。こういう軍事記事については、政府は静観しているが、かなりの打撃になっているのは間違いない。が、政府がこれで引き下がると思うのは甘い。必ず、既成事実を積み重ねるとか、なし崩し的に機会をねらってやってくるに違いない。

そういう思いがあったので、第2社会面で解説を書き、航空法では民間機を軍用に利用するのは法律の趣旨をねじまげるものだと批判した。周辺事態法に関する一連の動きがあるので、政治的にもきちんと抑えておく必要があった。航空関係の労働者や平和運動にかかわっている者には朗報だった。のちに、航空労組連絡会が機関紙に掲載するため、全日空機から米海兵隊が降りる横田基地到着の写真提供を依頼された。ニュースの提供者へのお礼の意味もある。

朝日新聞　2001年(平成13年)1月29日　月曜日　41

米の輸送資格 取得要請

国内航空3社に防衛施設庁

近隣有事 軍への協力想定

防衛施設庁が、日本航空、全日本空輸、日本エアシステムの航空三社に対し、米国防総省が定める輸送資格を取得するよう要請していることが分かった。国防総省が米軍部隊や武器などの輸送を発注するにあたって、航空会社の安全管理などを審査して許可するもので、取得すると米軍の輸送業務の請負が可能になる。日米防衛協力のための指針（ガイドライン）関連法に定められた、近隣有事での米軍の輸送への民間協力を想定しているとみられるが、航空会社側には、安全運航の確保や、米軍にどこまで協力するかについて不安もあり、取得するかどうか各社はまだ回答していない。

防衛施設庁によると、輸送資格は、国防総省の安全基準に基づいて審査される。資格がなければ、原則として米軍のチャーターは受けられない。資格を取るためには、同省の担当官の立ち入り検査などを受けるという。施設庁は昨年八月から九月にかけて、三社にそれぞれ担当者を派遣して取得を要請した。

米軍の兵員物資の空輸は主に米軍機で行われるが、沖縄の海兵隊が本土に移動して実弾砲撃演習を行うときの輸送は、日本側が担当する取り決めがある。現在は、施設庁が米国の航空会社の旅客機をチャーターしているが、委託できる会社が少なく、日程が制約されることがあるという。また、有事になれば、輸送は米軍機だけでは足りないことも想定されるため、日本の航空会社も協力できるようにしたい考えもあるとみられる。

施設庁は一九九八年にも、日航に対し資格取得を要請したが、現場の乗組員らの反対で拒否された。同庁内にも「自衛隊機での移動も可能で、今回の要請は強制的と受け止められかねない」という声がある。

航空会社からは困惑の声が上がっている。民間機の運航は、機長の指揮監督権が航空法で定められ、積み荷の確認なども機長の権限で行われる。だが、米軍のチャーター機として運航する場合は、日米地位協定に伴う特例で、航空法の規定が適用されない。

九七年七月に山梨県の北富士演習場で海兵隊の演習が行われた時、施設庁は全日空機をチャーターし、自動小銃や短銃、弾薬を輸送した。しかし、輸送資格のないことが米軍内部で問題となるとともに、民間機の軍事協力に日本国内で批判が起こった。

航空三社は「まだ結論はでておらず、コメントは控えたい」としているが、航空関係者の間では「米軍にチャーターされた場合、機長の権限はどこまで確保されるのかなど、あいまいな点が多く、不安がある」

「自衛隊機や米民間機を活用すればいいのに、施設庁

強制ではない

防衛施設庁の話　資格取得は強制ではなく、お願いだ。日本の航空会社が資格を取得すれば、米軍の輸送手段の選択肢が広がる。演習日程の設定などでも移転先の地元の希望が通りやすくなる。

半月遅れで朝日新聞が１面トップで報道

このスクープは半月後に朝日があと追いをした。29日付けの1面トップの扱いだ。「米の輸送資格　取得要請」「国内航空3社に防衛施設庁」「近隣有事　軍への協力想定」の見出しだった。半月遅れても1面トップでやっている。編集局でも話題になっていた。他紙が扱えば、嫌がうえでも価値が分かるのだ。

軍需産業技術者のインド洋派遣

航空、軍事の諸問題で取材していた私に、石川島播磨重工業の労働者から「会って相談したい」という連絡があった。02年5月上旬に日時を決めて東京郊外で会った。防衛庁・海上自衛隊が軍需産業の約20社に対し、横須賀造修補給所で「海外派遣に対する臨時修理態勢の確立の依頼」説明会を開催したという。武器部長と誘導武器科長が11項目の派遣内容と細かい注意を与えた。防衛庁・海上自衛隊の軍需企業あての内部文書であった。

私は、新聞で報道するより、国会で質問した方が効果的だと考えた。私が関与したネタで国会質問をしてもらった事例も何回かあり、今回も国会秘書に相談をして国会対策委員会に持ち込んだ。赤旗マター（事柄）から国会マターにする判断は私の裁量で行った。デスクの立場だし、社会部の上司よりもこちらの経験や年齢が高いから「あうん」の呼吸で処理していた。上司に事前に了解をとっておく必要がある場合は、原則的に判断をするから、そこは信頼関係で問題はなかった。記者が抱えている事案を効果的に社会に広め、よい方向で処理できれば問題はない。1つの政治的判断である。政党機関紙としての一種の強みである。国会の事務局で検討し、北海道選出の児玉健次衆院議員が5月17日のテロ問題特別委員会で追及してくれることになった。スクープとして赤旗独自で先行して記事を掲載すると、他のマスコミはあと追いしづらくなる。国民に知らせる必要はあっても、実際には面子もあって書かないことが多い。大事なニュースでも1社のスクープになると、あと追いがなければ逆に国民の多くが知らないことになってしまう。

読者から見れば、狭量なマスコミ界の馬鹿みたいな話が通用している。その点、国会で質問すればどの社も一斉スタートだから書きやすい。それでも共産党が質問すると、無視するメディアもある。掲載しても質問した議員の名前は出すが、党の名前が出さないところもある。現実はそういう不自然な〝欠陥記事〟が横行している。日本の社会は「共産党アレルギー」が蔓延している。共産党のことを書く場合は、記者自身が共産党の支持者でないことを周囲に分からせたい思いと共産党にプラスにさせるようにはしない、という政治的配慮が働いている。政治的配慮という名の保身でしかない。新聞、テレビは不偏不党だと強調はするが、それは建前で、実態はそうではない。私は元赤旗記者だからそう強調しているのではなく、日本のマスコミ界の事実を書いているにすぎない。

児玉議員の記事は、社会面トップで「初の紛争地『即応名簿を』」「技術者動員要請」「もう派遣しているのでは　法的根拠ないまま」「児玉議員質問」との見出し。写真は入手した防衛庁・自衛隊の内部文書を掲載した。

海上自衛隊の説明会では、艦船のインド洋派遣で軍需産業に技術者の派遣を要請して艦船の修理を行いたいと話した。初の紛争地派遣であり、万全の支援態勢を確保することを強調した。テロ対策の説明も行い、即時対応できる関係者名簿を提出させ、入港地や派遣する人名など、すべて秘密扱いにすることを確認した。艦船の修理は寄港地で行い、洋上ではやらないとしている。

軍需産業の技術者は「民間技術のサポートがないとハイテク兵器を扱う作戦は遂行できない。すでに、インド洋の作戦には技術者を派遣しているはずだ。イージス艦などハイテク兵器・システムの塊の維持管理と修理は自衛官の技術ではできない」と語っている。石川島播磨重工業の場合は、東京の航空宇宙事業部が担当し、ヘリコプター着艦拘束装置の修理と20ミリ高性能機関砲（ＣＩＷＳ）修理の技術者（管理職）計19人の名簿を提出していた。石川島は「防衛庁と会社との調整が必要だ」としながら、秘密保持のための「自衛隊海外派遣要請対応マニュアル」に従った人選を協議して対応していくとしている。

中谷防衛庁長官は「万一の場合の要請だ」と説明したが、「すでに派遣しているではないか」と切り返された。戦闘地域への民間技術者への派遣には、法的な位置づけはない。あくまで艦船、航空機など兵器を売却したメーカーのアフターケアとしての事実上の協力要請になっている。これまでリムパック（環太平洋合同演習）など規模の大きい演習では、必ず軍需産業の技術者が出張してサポートしている。ただ、演習と戦地とは別である。

業務命令で戦争地域へ

02年11月になると、5月に追及した米軍支援のインド洋派遣艦船に対する軍需産業の技術者派遣に、防衛庁が同年7月から10月の5回にわたり、計16人を派遣していたこと明らかになった。衆院安全保障委員会で共産党の赤嶺政賢議員が質問した。01年10月成立のテロ対策特別措置法には、自衛隊に対する民間協力の規定はない。防衛庁は民間技術者派遣の根拠は、防衛庁設置法第5条13項の「船舶、航空機及び食糧その他の需品の調達、補給及び管理並びに役務の提供」をあげている。派遣先や企業名については防衛上の理由で明らかにしなかった。答弁に窮した防衛庁は「(民間技術者を）派遣しているのは防衛庁ではなく、防衛庁と契約した企業だ」「万が一の補償は企業が行う」と答えた。

ところが、私が入手した軍需産業の内部文書では、01年12月末から民間技術者をインド洋に派遣し、技術者に事故が起きた責任を負わない誓約書まで提出させていた事実が明らかになった。軍需産業の労働者に聞くと、その年の11月下旬に「海外派遣に対する臨時修理態勢の確立の依頼」に関する説明会があり、軍需産業は12月から派遣した。修理の場所も港内に限らず、安全性を確認した上で洋上でも行うことになった。誓約書は防衛庁の書式にもとづいたもので「乗艦申請書」のなかで「事故など何が起きても責任は問いません」との誓約書を提出していた。

「事故責任問いません」「防衛庁　民間人から誓約書」「業務命令で戦場へ洋上修理も」との見出しで社会面トップで掲載した。

軍需企業側は、防衛庁と取り交わした協定書にもとづき、「秘密業務従事者」の資格を有した労働者が派遣された。「秘密業務従事者」とは、私が入手した資料では11項目78の細目（・秘密保全・立ち入り禁止区域・文書等の閲覧・借用・伝達・送達・輸送・文書の記録・保管・外国旅行・国際会合と外国人との接触・物件の製作と複製・施設保全・文書等の破棄・返却・秘密情報の漏えい・紛失の措置・非常の際の措置）にわたって実施されている。細目では外国旅行、国際的会合への出席に関しては「関係職員の2親等以内の直系親族、配偶者が米国以外に居住した場合、防衛庁に報告する」と指示している。各企業によって差異はあるが、本人の身上調査では、人格、資産、生活態度、過去の居住地・職歴、参加している関係団体（団体、会、クラブ、運動）や政党、労働組合などの思想・信条まで調査している。

因みに、企業側にここまで要求しながら、実際の情報漏れや資料の流出、外国人と接触等の禁止事項に違反しているのは防衛庁職員であり、自衛官の方が圧倒的に多いのが現実だ。

民間技術者の中東地域派遣は、米軍のクウェート作戦から始まって、イラク等に発展してきた。自衛隊の派遣もインド洋の海上自衛隊から始まって、航空、陸上自衛隊に拡大されてきた。03年12月の段階では防衛庁が三菱重工、石川島播磨重工業などの軍需産業に艦船、航空、車両等の修理・維持管理のために、民間技術者の現地常駐派遣を要請してきた。

航空自衛隊はC130輸送機をクウェートとカタールに向かわせる予定になっていた。C130のエンジンが砂塵を吸い込んで不具合を起こしてしまう可能性があり、自衛隊では手が負えなくなってしまうのが理由だ。派遣先はクウェートとカタールの米軍常駐基地内になる。インド洋の艦船も砂塵の不具合によって故障が起きている。

航空機など軍用部品の調達に関しては、すでに日本の商社が中東周辺国に駐在しており、あとは軍需産業の技術者の常駐が課題となっている。軍需産業側はこの時点で常駐要請にはっきりした対応を示していない。軍需産業では、派遣対象者は秘密だから、職場では突然技術者の顔を見なくなり、『かれは派遣された』といううわさがささやかれている。企業側は技術者にはテロに巻き込まれる恐れがあり、「『海外に行った時は米英の基地に近づくな』という安全マニュアルで注意を呼びかけているのに、『長期的修理派遣は業務だ』といわれても割り切れない」と語っていた。ご都合主義もいいところだ。

軍事技術者の海外派遣で防衛庁が口止め指示

赤旗を通じてインド洋、中東地域への軍需産業の技術者派遣問題は、軍需産業内でも話題になっており、幾つかの情報も集まってきた。04年2月上旬に川崎重工の方から連絡を受け、都内で会った。防衛庁が川重に対して技術者派遣で口止め指示をしている文書を見せてくれた。「ニュースソースは絶対秘匿しますが、公表して大丈夫ですか」と念押しした。

内容は航空自衛隊がイラクに派遣したC130輸送機の整備を行う川崎重工に対し、「防衛庁が川重に対して準備要請したことが、外部に漏れぬよう細心の注意をするよう求められております」とし「防衛庁の参事官から再再度の念押しがあった」としていた。その理由として、「自衛隊派遣に係る国会審議が山場を迎えている」「一部の報道機関から問い合わせを受けている」ことなどあげ、マスコミに対しても「(技術者のイラク派遣に対する) 回答を差し控えてもらいたい」「記事の出る可能性を一日でも後ろに延ばしたい」旨の要請をしていた。別の文書では報道関係者が夜間に役員の家に行き、直接取材を行う可能性があるとし、「役員など主要な方にはこうした動きがあることをお伝えいただき…」

と念を入れた注意喚起までしていた。

「これは面白いですね。報道しても迷惑がかかりませんか？」と聞いた。

「大丈夫です。使ってください」

「各社は動いていますか？」

「多分、知らないと思います。貴方は確実に書いてくれると思いますから」

「1面で大きくいけると思います。スクープだし…。国会にも連絡を入れておきます」

「期待しています」

「防衛庁もかなり神経を使っていますね。ここまで細かく指示しているから」

「社内はピリピリしています。派遣される技術者も不安を抱いています」

社会部に連絡をとり、「1面で大きくいける。もちろん、スクープだ」と端的に伝え、大急ぎで戻った。防衛庁からの内部指示文書があるので、証拠は十分。1面トップが決まった。

「防衛庁が口止め指示」「技術者の派遣要請で軍需産業に」「〝マスコミにもらすな〟『イラ

しんぶん赤旗
2004年2月8日 日曜日
日刊第19126号
発行所 日本共産党中央委員会
東京都渋谷区千駄ヶ谷4の26の7
〒151-8586 電話 03(3403)6111
©日本共産党中央委員会2004年
定価(税込み)
日刊月2900円(郵送は別途送料1380円)1部100円
日曜版月800円(同送料234円)1部200円
振替 00180-6-194807
ファクス 中央委員会 03(5474)
赤旗編集局 03(3350)
日本共産党のホームページ
http://www.jcp.

防衛庁が口止め指示

技術者の派遣要請で軍需企

"マスコミにもらすな"「イラク」審議影

関係各位 殿

ご承知戴いているとおり、防衛庁からは、防衛庁が川重に対して準備要請をした事が外部に漏れぬよう細心の注意をするよう求められておりますが、本日内局航空機・通信課長よりこの趣旨についての再々度の念押しがありましたので、遺漏なきよう重ねてお願いを致します。

なお、内局から再々度念押しがあった背景は、自衛隊派遣に係る国会審議が山場を迎えている事、及び現在、KHIが一部の報道機関から問合せを受けており、内局と対応調整中である事に関連して、参事官から指示があったと云う事だそうです。

以上

防衛庁の指示を川崎重工の関係部署責任者に伝える連絡文書

防衛庁が自衛隊のイラク派遣にともない、川崎重工業の技術者にも派遣を要請し、その事実を国会審議を理由にマスコミなど外部に漏らさないよう指示していることが七日までに本紙入手の社内連絡文書でわかりました。実態を隠したままイラク派兵の国会承認を急ごうとする防衛庁の姿勢があらためて浮かんできます。

本紙が入手したのは、一月二十六日にイラクに派遣したC130輸送機の整備を行う川崎重工技術者の派遣準備要請に関するもの。それらによると、「防衛庁が川重に対して準備要請をした事が、外部に漏れぬよう細心の注意をするよう求められております」とし、防衛庁の参事官から再々度の念押しがあった、としています。

防衛庁が念押ししている理由としては「自衛隊派遣に係る国会審議が山場を迎えている」「一部の報道機関からの問い合わせを受けている」ことなどをあげています。その上で、マスコミの取材に対して「(技術者の)イラク派遣に対する[illegible]を差し控えてもらいたい」「記事の出る可能性が[illegible]」の要請があったとしています。

別の文書では、報道関係者が夜間に役員の家に行き、直接取材を行う可能性があるとし、「役員など重要な方にはこうした動きがあることをお伝えいただき…」と念を入れた注意喚起

防衛庁が川崎重工に
“口止め指示”文書

ク』審議影響恐れ」の見出しと川崎重工に指示する防衛庁の指示文書の写真を掲載した。何か、大きな時限爆弾を仕掛けたような気持ちだ。明日になれば、防衛庁と川重など軍需産業はびっくりするだろう。何もかも筒抜けの状態だ。

翌日、衆院の佐々木憲昭議員室から電話が入り、「今日のトップ。明日の予算委員会で使いたいからレクチュアにきてほしい」との内容だった。入手した文書を持って説明した。内容は報道してある通りだから、あと

は議員室が政府の対応を考えての質問づくりとなる。

「あした、君が取材できる」

「大丈夫です」

川重の取材先に電話を入れて報告した。

「了解しました。うまくいってよかったね」といってくれた。


佐々木議員の予算委員会の質問で、石破防衛庁長官が「メーカーでないと直せない部分についてお願いすることは通常あり得る」と答え、口止めの事実を認めた。「自衛隊派遣に係る国会審議が山場を迎えている」と記されている件に関し、「防衛庁は公表を隠すよう何度も念押ししたのか」との追及に、石破長官は「関係企業から防衛庁に、企業名の公表について問い合わせがあった。担当者は『当日は国会の審議中で部内調整に時間がかかるため、すみやかに回答できない』と答えた」と念押しの事実を明らかにした。佐々木質問は「防衛庁長官　口止めに事実認める」との見出しで1面腹で掲載した。社会面にもサイド記事を書き、「安全確保なく〝戦地出張〟」「『無責任』と軍需産業技術者」と追及した。赤旗と国会での連携で、大きく世論を動かしてきた。

佐々木憲昭議員の追及で“口止め指示”認める国会答弁

防衛庁長官

イラク派兵で民間技術者派遣要請

口止めの事実認める

石破茂防衛庁長官は十二日の衆院予算委員会で、イラク占領支援のためクウェートなどに派兵されている航空自衛隊のC130輸送機の補修のため、民間企業の技術者の派遣要請を公表しないよう“口止め”していたことを事実上認めました。日本共産党の佐々木憲昭議員が追及したもの。

佐々木氏は、防衛庁からの“口止め”要請を記した、川崎重工の一月二十六日付の内部文書（本紙八日付報道）をもとに質問。「防衛庁が川重に対して準備要請をした」と書かれていることを示し、「派遣要請は事実か」とただしました。石破長官は「メーカーでないと直せない部分についてお願いすることは通常、ありうる」とのべました。

さらに内部文書に、「（派遣要請が）外部に漏れぬよう細心の注意をするよう求められているが、本日、内局航空機・通電課長より、この趣旨についての再々度の念押しがあった」、その理由として「自衛隊派遣に係（かかわ）る国会審議が山場を迎えている」と記されていることを指摘。「防衛庁は公表を隠すよう、何度も念押ししたのか」と追及しました。

石破長官は、「関係企業から防衛庁に、企業名の公表について問い合わせがあった。担当者は『当日は国会の審議中で、部内調整に時間がかかるため、すみやかに回答できない』と答えた」事実を明らかにしました。

佐々木氏は、「民間技術者の命にかかわる重大問題を、国民にも国会にも知られないよう、こっそりやろうとしている。きわめて悪質だ」と批判しました。

04.2.10

他紙もあと追いした。日刊ゲンダイが「発覚！　防衛庁、イラク関連で民間企業に箝口令」「重要事項をヒタ隠し」と報道した。

11　石播人権回復裁判

最後まで「仕事が勝負」貫く

デスク任務は55歳で原則終了することになった。全局的にデスクの高年齢化と健康問題の見直しがベースにあった。一種の世代交代の時期にもなっていたので、年齢的に若い部長、副部長、新人デスクが就任してくると、年配者が上にいるとやりにくくなり、部の指導部から外していく意味合いもあった。合理的でよい方法だ。定年制は60歳の誕生月（後に65歳まで延長。ただし、60歳以上は定年扱いでいつ辞めてもよい）で、その後はどうするかを選択すればよい。従って、55歳以降の5年余は自由に取材できた。総局記者の1員となって地方で定年を迎える者もいた。

私は健康上の問題もあり、55歳でデスクを降ろしてもらった。デスクのローテーションで拘束されていた時間は、すべて自由に使えるのでむしろ歓迎であった。新聞記者の仕事は好きだから、60歳までは前述してきた航空、軍事の仕事をいっそうフリーな立場から取材できた。フリーとは自分の関心のある好きなことをやるという意味ではなく、私しかできない仕事をやっていくことにしていた。「仕事で勝負」という心構えは貫いた。

退職してからは著述業をやることに決めていたので65歳まで続ける気はなかった。少々、余裕をもって辞めた方が新しい生活に早く慣れることができる。30年以上続けてきた仕事環境を、簡単に切り換えるのはできない。新しい環境には2、3年ぐらいはかかりそうだ。いまさら、誰かに雇われて仕事をするつもりはないし、自分で気楽にやっていけたらよいと思っていた。「辞めたら書いてほしい本がある」という依頼も2、3件あったので、著述業には不安はなかった。ただ、日航123便事故のことは、現役時代の事故であり、その後の取材も続けてきたこともあり、赤旗に対する貢献も考えた上での思いがあった。自分の取材で知り得た事実を書くことによって事故関係者や航空関係者への責任を果たしたいという思いもあった。そのために現役時代にケリをつけておきたかった。60歳からは本来の仕事をしつつ、日航123便事故の著作の準備を平行して続けていくことにした。

59歳の時に司法担当をしていた者が退職したので、裁判員制度の件もあり、私が希望して担当することになった。駆け出し時代から大阪の大気汚染や空港騒音、スモンなど公害、薬害裁判を追いかけていたから、司法問題は関心があった。政府の司法制度改革推進本部の「裁判員制度・刑事検討会」の検討会議を傍聴し、裁判員制度のイロハ論的な連載をして、新制度と国民生活の関係を分かりやすく解説していくことにした。国民の常識・良識が刑事裁判に反映される期待とともに、その具体化についてはさまざまな懸念や疑問があるからだ。過大な期待はしないが、司法制度改革の第1歩と考えるのはよいと思う。司法制度は国家の基本的問題だから、法曹学識経験者の検討会は興味深かった。刑事裁判に対する委員の発想はその人の立場が色濃く反映されて、高邁な意見の裏に透けて見える人間性が面白かった。

石播のZCブラックリスト

周辺事態法で軍需産業の技術者の中東派遣問題を追いかけていた時、前述した通り、石川島播磨重工業の労働者と東京郊外で会った。労働者は渡辺鋼氏で、石播人権裁判の原告団長をしていた。02年5月、持参してきた会社の機密資料を見せてもらい、その利用について相談にのることになった。渡辺氏ら9人（最終的には7人）が00年3月に思想差別、女性差別是正と昇給・昇格是正による損害賠償を求める、いわゆる「石播人権回復裁判」を係争中であった。裁判を左右する会社の機密資料が入手できたので、裁判で資料としながらも、もっとよい活用ができるかどうかの相談であった。一目して、これは第1級の資料であることは分かった。資料は「ZC管理名簿」という。ところで

「ZCって何のことですか？」

「うーん」「よく、分からないですよ」

「でも、この一覧表は会社がチェックしている労働者のブラックリストでしょ」

「職場で批判的な意見を持って活動をしている労働者ばかりです」「Zはアルファベットの最後だし、出来の悪い連中の総称であるとか、Cはクラブとかコミュニティなんかしか分からない」

ZCの意味はのちほど調べてもらうように依頼し、とりあえず、資料に目を通しはじめた。


係争中の裁判について聞いた。渡辺氏ら7人の原告が属している田無、瑞穂工場は航空宇宙事業や防衛庁関係の業務にかかわっており、会社の労務政策は格段に厳しい。渡辺氏らは厳しい会社との対峙の中で、定年まで「座して死を待つ」ことは選択

しなかった。「たたかってこそ明日はある」という展望を持って「このままでは労働者も会社も駄目になる」との思いで訴訟に踏み切ったことを説明した。話を聞いて、私は「赤旗に書くことはできるが、労働問題ではなく、人権差別問題として社会問題にして書くことはできる。しかし、掲載されても小さく、あるいは掲載されない可能性もある」と否定的な見通しを説明した。

赤旗編集局の中では労働問題や市民運動などの分野は大衆運動部が担当していた。社会部記者が労働問題を取材して書く場合は、書いた記事を大衆運動部に見せて了解を得ることになっていた。担当分野でない部の記者が書いてミスをしたりするとあとあと問題がでてくるからである。一般に手続きとしては問題はないが、会社の弾圧とたたかっている共産党員の労働者をどう守るか、支援するかというところに本質がある。

私は、率直に「赤旗に掲載することにこだわる必要はない。そんなことで、これだけの1級資料を葬ってしまうのはもったいない。要は渡辺さんらのたたかいに有効に活用することだ。石播内部の勇気ある提供者にも応えていく必要もあります。朝日は戦地派遣の問題を書いているから、朝日に売り込んだ方が影響力がある。知っている記者はいますか」

「います。春に取材されたことありますから」

「それはよい。朝日が書いたら、私はこれを国会に持ち込みます。国会で質問してもらえば、赤旗も含めて各社も書けます。それが一番現実的でよい方法です」

こういうやりとりをして別れた。

預かった機密文書は全部コピーをして、国会に提出できる準備をしておいた。国会の誰に相談を持ちかけるのかを親しい秘書に相談して決めることにした。後日談になるが、渡辺氏は私の話を聞いて、「この記者は信用できるな」と思ったという。「1級の特ダネを他の新聞に譲ってでも大きく扱ってもらえば、原告団のたたかいに役立つ」といった言葉が信頼、信用につながったといった。当初は、「赤旗記者に話をしてもどうかな」と半信半疑で迷いがあったという。が、渡辺氏は私の航空、軍事関係の記事や解説を読んでいたので、「これは共産党中心の赤旗タイプの記者とは違うのではないか」という思いがしていたという。

渡辺氏によると、朝日の記者はZC関連資料の裏付けに苦労したようだ。それで石播本社に直接取材したことで、石播側は極秘資料の流出に驚き、すぐさま内部で徹底的に調査したらしい。が、流出源は突きとめることができず、「石播内部の共産党員が盗んで、マスコミに流したのでは…」と判断したという。石播の見方は見当違いだった。朝日はさすがで、ZCの意味を突きとめることができた。

半年後の02年10月20日付けの朝日夕刊の「個人情報のゆくえ」の連載で「社員の思想ランクづけ」という見出しで、ZCとは「ゼロコミュニスト」（共産主義者なし）の意味で、石播本社人事部の隠語であることを明らかにした。

渡辺氏は「共産党員撲滅計画」と理解した。渡辺氏からの連絡を受け、私は共産党の労働問題に詳しい秘書に機密文書を持ち込んだ。秘書らは驚いて「これは絶対許さん。議員、国対（国会対策委員会）と相談して徹底的にやりましょう」と応じてくれた。共産党員が職場でいじめられ、あらゆる差別をしている会社の機密文書が入手できたら、だれが考えても見て見ぬふりはできない。国対で協議して、九州出身の小沢和秋議員が厚生労働委員会で質問することになった。小沢議員は八幡製鉄出身で、正義漢であった。小沢室でレクチュアした。私の筋書き通りの狙いは成就できた。

ZC計画管理名簿は、石播の人事部労働管理グループが警察・公安と日常的に対象者の情報を交換して作成してきたブラックリストで、労働者の企業批判、労組批判などの意見や活動を分析して、A、B、C、Dにランク分けしていた。Aは共産党員、Bは共産党の支持者、Cは問題あり（反企業的労働者）、Dは観察対象者に分けていた。企業側は対象者の妻や職業、病名なども調査し、リストを年度ごとに更新させていた。

小沢議員は「会社の行為は思想・信条の自由、プライバシーなど憲法に定められた基本的人権を侵し、労働者の国籍、信条又は社会的身分を理由として賃金、労働時間その他の労働条件について差別的取り扱いをしてはならない」とする労働基準法第３条に違反すると追及。「『ＺＣ名簿』はインド洋に派遣している艦船修理など軍事協力に『もの言えぬ職場』をつくることと一体になっており、明白な組織的・継続的違法行為だ」と批判した。

厚生労働省の松崎朗労働基準局長は「具体的事実、証拠を示していただければ調査する」とし、坂口力厚生労働相は「その通りにしたい」と約束した。

これを受けて、石播の横浜事業所の労働者７人が憲法と労働基準法第３条違反で横浜南労働基準監督署に是正・改善を求める申告をした。

係争中の裁判では、原告側の「ＺＣ管理名簿」の書証に対し、東京地裁は03年１月の弁論準備手続きで、石播側に「和解」を提起した。実質、3年の弁論で原告側の証言等が正しく、会社側の弁論が事実でないことが明らかになり、勝負は決まった。原告側は「勝った」と正直思ったという。

それ以後、「和解協議」が始まり、04年3月22日に東京地裁は日本共産党員、支持者だという理由に賃金・昇給・昇格差別を受けて、石播を相手に約3億4000万円の損害賠償を求めた原告に対し、最終的に和解することで「思想差別をしないことを従業員に徹底する」ことを約束させた。また、過去の賃金や解決金として計1億6800万円余を支払うことで合意した。原告に対しては過去の差別賃金1億470万円余を支払うとともに解決金6400万円を支払う約束をした。

40年近く続いたあらゆる石播の差別は全面解決の方向に向かうことになった。「職場に憲法の風を吹かす」ことになり、「たたかってこそ明日はある」を現実のものにした。石播の各工場の活動家の中でもいろんな意見の違いはあるが、渡辺さんらの人権回復裁判が勝利和解できたからこそ、他の石播裁判に大きな影響を与えたことは誰も否定できない。

私の石播問題の処理については間違っていなかった。人権侵害問題は明らかに犯罪である。国会で大きな問題となり、厚生労働省や防衛庁が軍需産業石播の時代錯誤もはなはだしい反社会的行動を是正、改善をさせたのは当然のことだ。裁判所も和解を勧告したのも極めて健全なことである。この勝利をきっかけに40年にわたる石播の労働問題の中心は解決した。太平洋戦争終結から65年もたって、主権在民の日本国憲法のもとで、軍需産業・石播の19世紀的な信じがたい事実の持つ重みが裁かれた。難しく考えることではない。不公正で理不尽な仕打ちを正面からとらえて、解決したにすぎない。そこには組織の枠内での狭い考えや面子にこだわらず、たたかっている労働者の立場を理解して行動しただけである。自由と民主主義を標榜する新聞記者の確固とした立場を貫いた。

12 教育と人事政策

人を生かすための人事政策

組織の活性化と停滞は、より根本的にいえば人をどう生かすかということにつながる。要するに人事政策ということになる。組織を人の身体に例えていうなら、人事は血流と考えてもよい。活性化は血液が正常に機能していることであり、停滞は動脈硬化で、いずれは組織は硬直化し、自壊していく。従って、正常に機能するには、複数の担当者によってできる限り公正公平に能力を評価し、組織に資する人材を育てていくことになる。人事異動に業務教育を連動させて、人を育てていく必要がでてくる。それが人事政策である。

どんな仕事でも昔からいわれてきたように、本人の努力を前提に「3年見習い」「5年で片腕」「10年で1人前」というのが相場だろう。個人差と仕事の業種の違いがあるから一応最初の3年ぐらいを見極めがつくまで猶予期間と考えるのが望ましい。世間的には3ヵ月を見習い期間にしているのが多い。3年というのは、本人が辛抱するということではなしに、その仕事を理解し、自分なりにこなすことができる期間である。しかし、3年やっても進歩がない、要領を会得できないとするならば、その仕事には向いていないと判断されても仕方ない。そこは勉学する学生と仕事をして賃金をもらう労働者との違いがある。

本来、1年もたてば、およその能力は判断できるが、切り捨てることよりも、よさを伸ばしていく方向で教育すべきことである。3年という期間に是非論も出てくるが、指導する上司の側に問題、あるいは組織の構造的な問題にあることが多い。

本来、仕事ができる能力は組織が育てていくべきものである。組織が1人前に育てていくには教育と人事が表裏一体の関係で政策として位置づけられているのが望ましい。が、実際にはほとんどないだろう。実践的な新人社員教育は、その関係の上司にまかされているのが実情である。上司が経験豊富であれば、それなりに育っていく。しかし、定期的な人事異動もあり、同じ上司が一貫して教育、指導をすることはない。

著作では、これまで個人の努力を前提に述べてきた。しかし、人間の集まりである組織は、個人の努力だけでは大成していくとはいい難い面も多々ある。日本の社会の場合、本人の努力だけで解決できない組織の持つ善さと悪さ、人間関係があるからだ。上司によっては人物評価もかなり違ってくる。上司に仕事をする能力があっても人間的に指導する能力や性格の上で問題となる場合もある。同僚や先輩に恵まれれば順調に進む場合もあるし、逆に潰されてしまう場合も多々出てくる。問題が多い組織では長年の中でその組織の体質が生みだされていく。従って、人事、教育は個人にまかせるのではなく、組織的にきちんとした系統的な政策が必要となってくる。系統的とは、その職種によって異動させる時期と部署、経験させる年数を踏まえて人材育成をしていく。従って、定期的に異動させることが重要で、情実人事はあるが、計画もなく五月雨的に異動させる、動かしやすい者だけ異動させたりすると、人材教育にも障害を与え、最悪のパターンになってしまう。そうでないと蓄積に支障が生じてくる。

人事異動には、幾つかの教育政策を兼ね備えたパターンをつくり、組織全体でバランスよく経験を積めるようにしていく。それに3年、5年、10年、15年、２０年という期間を設けてそれぞれの時期に応じて必要な中期、長期的計画を前提に、全員を対象にしてスキルの継続性と活性化を目的にしないと意味がない。将来、どういう役割と任務を持たせるのか、組織にとって財産にしていく人事政策と教育政策が必要である。

こういうことを指摘すれば、どの組織も否定はしない。が、力の持っている上部の人が、取り巻きをつくって牛耳っている組織が多いことも事実である。人事部門はその中心でもある場合が多い。立派な政策的決まりごとがあっても、実際の運用は別になっている。上司の好き嫌いで抜擢する情実人事は日本の得意とするところだ。自分の忠実な部下を育てておきたい。能力があっても下からの信頼感が乏しい上司ほど、そういう傾向が強い。学閥、同窓、出身地等々、共通項を見いだして群れていく。派閥をつくり、ムラをつくって、組織なり、国を動かす事実は、十分、世間的に証明されているではないか。

頭で描いて理想的なことを追及しても限りがあるから、現実的に風通しをよくし、改良・改善を積極的にやっていく中で、システムとして更新・構築をしていくしかない。

世にいう一流大学出身だから一流の仕事ができるとは限らない。応用が効く頭のよさと回転の早さは学業とは直接関係がないといってもよいだろう。どんな組織でも有能な人材を登用し、育成していかないと活性化にはつながらない。育成には鍛錬が必要である。刀鍛冶のごとく、鍛えないとなまくら刀になってしまう。鍛えられた者を上層部、指導部にしていくべきだ。

山崎豊子氏の小説『沈まぬ太陽』の主人公のモデルといわれた小倉寛太郎氏は私に「人間的器量の狭い経営者は、自分より器量が大きい者は排除していく。そういう組織は自由にものがいえなくなっていく。『おかしい』と思うようになったら黄信号が点滅している。

やがて風通しが悪く衰退していく」といっていた。優れた上司はオーケストラの指揮者のように弦楽器、管楽器、打楽器などを曲の趣きによって、それぞれのよさをバランスよく引き立てていくのと似ている、といったやりとりをしたことがあった。下の者が上の者の能力をすぐに見定めるのに、逆に上の者が下の者を評価するのは見当違いが多いのは、いつの間にか組織の旧態依然の体質に染まっているからだろう。「人を見る目がない」という人事はあちこちで起きている。

従って、人事を司る担当者は、公正なバランス感覚にすぐれ、人を育てていく確固たる考えと能力を持たないと、正しい人事政策を遂行できない。有力者からの人事への関与を除外させるために組織としての独立性も必要になってくる。能力や功績があっても引き際が大切である。早い目に次代を育成し、組織が活性化していくために幹部のための名誉職や特別職という例外を設けてはならない。硬直化した組織では、人事と教育だけではなく、機構改革も必要になってくる。無駄な局、部課、部署の整理も再考すべきだろう。最初で述べた身体でいうなら、血流、リンパ、神経が正常となり、筋肉を活性化し、筋肉が支えている骨を丈夫にする。血流によって内蔵も正常に機能することになっていく。

有能な人は、どこに所属しても仕事をこなすことはできる。有事に力が発揮できる者でないと、ほんとうの実力とはいえない。能力を持つ者は同時に個人の考え方も持つのである。優れた指導者になるには自分自身に厳しく、さらに責任感と協調性、バランス感覚が求められる。バランス感覚は、ものごとに対しても人に対しても偏らず、公正・公平に見ることで、しかもブレないことが大事である。自分で汗をかいて、いばらの道を切り拓く、雪山で先頭に立ってラッセルする如くやっていかなければ、信頼される部下もついてこない。そういう人物を見抜いて上層にあげていかないと、組織としての将来性はない。これらは平均的能力ではなく、総合力として求められる。最後まで人間的修行の毎日である。

13　退職にあたって

62歳となる12月まで、まだ少し間がありましたが7月末日もって定年退職致しました。71年に入局以来35年なります。その間、関西駐在記者団（現関西総局）、社会部、政経部、関東信越総局（北・南関東総局）、社会部等に在籍して活動してきました。在職中はお世話になり、ありがとうございました。

空港騒音、大気汚染といった公害の実態と裁判取材から始まった記者生活は、教育、食糧、くらし全般にかかわる問題を経て、鉄道・船舶・航空、外交・軍事問題等へと発展していきました。その時代を反映した政治、経済、社会の出来事と正面からぶつかってきた思いとともに、力不足で翻弄されながらも歴史の大きな流れにそってきた感もあります。

大事故や世の中を震撼させてきた大事件に数多く遭遇し、人間としての生き方、国の施策、取材のあり方等を考えさせられてきた日々でした。自身の取材が国会で取り上げられるなど、記者冥利に尽きる経験も多くありました。新聞記者は私にとって天職でした。

偉そうなことをいうつもりはありませんが、頭の片隅に残していただきたいのは、たかだか一部専門分野をかじった「専門記者」になるより、裾野の広いオールラウンドな記者を心掛けてほしいと思います。好き嫌いをいわず、何でも積極的に挑戦し、一本でも多く記事を書くこと。さらに情勢に敏となり、党の路線を基本にして、自分の頭で考えていくことが大切だと思います。記者は記事で勝負です。口ではありません。デスクも同じです。

　私も赤旗で学んだ経験を財産として、今後は関西を基点にして、フリージャーナリストとしてさまざまな分野の取材に心がけ、著述活動を続けていきます。東京にも足を伸ばし、自由で民主的かつ公正な社会に貢献できる仕事をしていきたいと考えています。

あとがき

本書は、私自身の係わった新聞記者という仕事を通じて、ものごとの考え方を著したものである。すべて自分自身の体験にもとづいて事実を書いている。政党機関紙という赤旗の中でも、これだけの体験をしている記者はいないといってもいいすぎではないだろう。

なぜかといえば、ジャーナリストとしての考えと実践を貫き通したからである。それは結果として党の任務にも十分に還元されていると思う。私の豊富な体験は、確実に自身の発想に影響し、その後の記者生活全般にわたって昇華していった。「狭い専門記者になるのではなく、すそ野の広いオールラウンドな記者をめざせ」「自分の頭で深く考えろ」と強調したのも、そういう体験がいわしめている。

記者は取材して書くという一種の技術職なので、新聞記事もものつくりと捉えれば、完成するまでの取材と情報収集、調査分析という過程があり、文章化するには日ごろからの蓄積を活かしていくことになる。つくりあげたものは、1つの「答え」であり、アスリートがよく強調する「結果」でもあるが、そこに至る過程を踏み台にして次なる高い目標に迫っていく繰り返しである。目標に向かって、より大きな弧を描いて螺旋状に上位に発展していく形状ともいえる。それは各業種や職人の考えにも共通し、法則に則った大道でもある。日々のできごとを取材するのは当然であるが、猟犬のごとく情報をいち早く見つけることは本来のジャーナリストの基本姿勢である。

本書で紹介したスクープ以外でもかなりのスクープを取っている。スクープを取れた裏には仕事に対する考え方とプロとしての自覚があった。仕事を通じて取材対象者に対する信用と信頼関係があったからだと痛感している。取材対象者の協力なしに記事は書けない。どんな記事も1本の記事ができるまでは、かなりの人たちの関与があり、仕事はその上に成り立っている。1人の記者や特定の人が歴史を動かしている訳ではない。

40数本のスクープの本数とは直接関係はないが、客観的にいえることは、背景に政党機関紙である赤旗の立場があった。第1に政党機関紙であるため新聞協会には加盟できず、従って省庁をはじめとする各記者クラブに入会できなかったことがある。クラブ加盟社は同一歩調を重視し、競争する意識が薄いから赤旗や週刊誌などに出し抜かれるのが実情である。例えば航空分野でスクープを取れたのは、現場を重視してパイロットや整備士などと懇意な関係を築いており、一般紙のように航空会社を中心にしたクラブ取材、窓口取材をしていないからである。第2に共産党ならびに赤旗の確固とした政治的立場があるので、権力や企業から干渉されたり、圧力を受けなかった。第3に私の時代はすぐれた先輩の存在とジャーナリズムの精神が生きており、自身の実績を背景に自由に取材させてもらったことがあげられる。

私はよく、同僚から「朱に交わらない男」と評されていたし、取材先では「赤旗記者には思えない」といわれていた。取材先は赤旗記者を「共産党のことを書く記者」、「堅物の理屈屋」というイメージで捉えているようだ。私は同僚や取材先の評価をほめ言葉として聞いている反面、よく批判をいう辛口でクールな反骨記者と見られていると思っている。批判するのは部会など内部の正式な会議の場で述べていたし、真正面から「おかしいこと」「いうべきことはいう」という建設的批判をしていたつもりである。記者レベルを向上させるデスクの立場だから〝一匹狼〟を標榜していたことはないが、孤高さは求めていた。人と違う発想は自分でしかできない仕事に通じていた。

現役時代の35年の中で、日航123便墜落事故、西淀川大気汚染裁判、石播人権回復裁判については、個人の記者活動記録ではなしに世に残していくべき記録として上梓でき、責任を果たすことができた。

記者になった時から、必ず世に問いかけるような大きなできごとに遭遇すると想っていた。それは何であるかは分からなかったが、今から思えば日航１２３便事故だったと考えている。運命的な考え方はしないが、同事故との遭遇と20年がかりの追跡は、このために記者になったのかと正直、思うことがある。１つのことをなし遂げた思いがあるからだろう。

私は記者になって一番よかったのは、社会全体を取りまく仕組みつまり国家による統治、組織による人材効用がよく理解できたことである。それは本書の目的でもある自分の経験、体験を通じて、自分自身の頭で考えたことの成せる技であると思う。

３・11東北大震災と福島原発事故は、戦後の日本を主導的に築いてきた政官界、経済界、それを支えてきた御用学者グループ、マスコミ界など日本という国家の支配層による体制の矛盾がいっきょに噴き出てきたきらいがある。長い歴史の中で時の支配層に従順になってきた大多数の国民が選択した結果でもある。どの体制になっても国民が国の支配層や国家の仕組みに目を向けていかないと、支配層のエリートによって使い捨てにされてしまう。生存競争というよりも階級闘争という方が正確だ。もちろん、エリートといえども結局は〝毛の３本足りない孫悟空〟としてお釈迦様の手の平《ひら》で踊っていることに気がつくかどうかだろう。
矛盾が噴き出たことによって、国民の多くはその中に放りだされ、もがいている状況となっている。日本の進路も大切であるが、1人ひとりの人間は他人まかせにせず、その中でしっかりと自分なりの生き方をしていかねばならない時代である。

企業であれ、団体であれ組織の人数がたくさんいると、意見や解決方法が違ってくるのは当たり前の話だから、よく議論して収斂していけばよい。ただ、無責任な百家争鳴であり、上位下達、形骸化した民主主義の日本では、現実に収斂できないことがらも多く、正しいことをいっても、参加者はその場の雰囲気を読んで必ずしも賛同する訳でもない。損得を考えず、かつ依怙地にならずに自分自身の考えに責任をもって主張すれば、正直で悔いのない意味のある生き方につながると思っている。

2013年5月

米田　憲司

●著者紹介

米田　憲司 (Kenji YONEDA)

1944年、大阪市生まれ。ジャーナリスト。

航空、鉄道、軍事、環境問題等の分野で活躍。

本書のほかに『御巣鷹の謎を追う　日航123便　墜落事故20年』(宝島社)『この飛行機が安全だ』(同、共著)『西淀川公害を語る　公害と闘い環境再生をめざして』(本の泉社)『切り拓いた勝利への道　石播人権回復闘争の真実』(同) などの著書がある。

天職《てんしょく》を貫《つらぬ》いて　見《み》て、聞《き》いて、考《かんが》える新聞記者《しんぶんきしゃ》の世界《せかい》

2013年7月3日　初版第1刷

著　者　米田《よねだ》　憲司《けんじ》

発行者　比留川　洋
発行所　株式会社　本の泉社
〒113-0033　東京都文京区本郷 2-25-6
電話 03-5800-8494　FAX 03-5800-5353　http://www.honnoizumi.co.jp/
印刷・製本　音羽印刷株式会社

ISBN978-4-7807-0973-5　C0036